DEUTSCHES INSTITUT FÜR WIRTSCHAFTSFORSCHUNG
(INSTITUT FÜR KONJUNKTURFORSCHUNG)

Verteilung und Schichtung der Einkommen der privaten Haushalte in der Bundesrepublik 1955 bis 1959

von

GERHARD GÖSEKE

Die Untersuchung wurde durch den Senator für Wirtschaft und Kredit, Berlin, mit ERP-Forschungsmitteln gefördert

DUNCKER & HUMBLOT / BERLIN 1963

Herausgeber: Deutsches Institut für Wirtschaftsforschung, 1 Berlin 33, Königin-Luise-Straße 5. Schriftleitung: Dr. Horst Seidler. Verlag: Duncker & Humblot, Berlin 45, Geranienstraße 2. Druck 1963 bei Berliner Buchdruckerei Union, GmbH., Berlin 61. Printed in Germany.

Inhalt

Verzeichnis der Zahlenübersichten

Seite

Verzeichnis der Schaubilder

Allgemeine Probleme und statistische Grundlagen

Aufgabenstellung

Immer stärker sind in den letzten Jahren die Ergebnisse der volkswirtschaftlichen Gesamtrechnung als Informationsquelle für die Wirtschaftspolitik herangezogen worden. Zahlreiche Daten dieser gesamtwirtschaftlichen Übersicht beziehen sich auf die Entstehung und Verteilung des Gesamteinkommens. Bei der Darstellung der makroökonomischen Einkommensaggregate ist indes immer häufiger die Forderung erhoben worden, auch die detaillierteren Zusammenhänge der Einkommensschichtung aufzuspüren und damit für die Beurteilung der Einkommensentwicklung ein tiefer gegliedertes Ausgangsmaterial bereitzustellen.

Wenn schon die Aussagekraft der volkswirtschaftlichen Gesamtrechnung wesentlich von der Qualität der allgemeinen statistischen Berichterstattung abhängt, so gilt dies noch mehr für die auf primärstatistische Erhebungen angewiesene Darstellung der Einkommensschichtung der privaten Haushalte. Derartige Erhebungen sind jedoch für die weiter zurückliegende Vergangenheit in Deutschland kaum durchgeführt worden. Die auf originäre Quellen gestützten Kenntnisse über die Struktur der Einkommen — sieht man von den Ergebnissen der Einkommensteuerstatistik ab — sind bisher immer noch unzureichend.

Im Rahmen der Forschungsarbeiten des DIW werden bereits seit längerem Untersuchungen über die *persönliche* Einkommensschichtung in der Bundesrepublik, deren erste Ergebnisse 1956 veröffentlicht wurden, durchgeführt. Gestützt auf die dabei gewonnenen Erfahrungen und Erkenntnisse — vor allem in methodischer Hinsicht — bestand berechtigte Hoffnung, zu gegebener Zeit die Untersuchungen auch auf die Schichtung der Haushaltseinkommen auszudehnen. Insbesondere herrschte Klarheit darüber, daß für bestimmte volkswirtschaftliche Probleme, vor allem für die Beurteilung der materiellen Lage der einzelnen Bevölkerungsgruppen wie auch für die Markt- und Verbrauchsforschung, Kenntnisse über die Struktur der Haushaltseinkommen unerläßlich sind. Die Arbeiten wurden daher unverzüglich aufgenommen, als mit der im Rahmen der Wohnungszählung durchgeführten Interviewer-Erhebung, deren Programm auch Fragen über die Einkommensverhältnisse in den privaten Haushalten enthielt, primär-statistische Voraussetzungen vorlagen.

Die Ergebnisse dieser ersten großen Erhebung über die Haushaltseinkommen machten allerdings erhebliche Anpassungen und Aufrechnungen notwendig. Daher mußte auch die vorliegende Darstellung zunächst auf einen relativ kurzen Zeitabschnitt begrenzt bleiben; schon die Wahl der zu untersuchenden Jahre 1955 bis 1959 warf hinsichtlich der in vielen Fällen erforderlichen Schätzungen erhebliche methodische und statistische Probleme auf. Es ist jedoch beabsichtigt, die in dieser Untersuchung vorgenommenen Vergleiche später auch auf einen längeren Zeitabschnitt auszudehnen, zumindest aber doch die Ergebnisse jeweils zu aktualisieren. Dafür liegen um so berechtigtere Aussichten vor, als mit der Einkommens- und Verbrauchsstichprobe, die in diesem Jahre in der Bundesrepublik angelaufen ist, eine für die vorliegenden Fragen unentbehrliche Erweiterung des offiziellen statistischen Erhebungsprogramms erfolgt ist.

Wenn auch bei den vorliegenden Berechnungen in starkem Maße auf primär-statistische Unterlagen zurückgegriffen werden konnte, so war doch der Umfang der noch vorzunehmenden Ergänzungen und Transformationen zu groß, um in der sich ergebenden Darstellung der Einkommensschichtung eine „verbesserte" Primär-Statistik sehen zu können. Vielmehr handelt es sich bei dem endgültigen Zahlenwerk um ein empirisches Modell, also um eine Darstellungsform, mit der versucht wird, die Realität möglichst kongruent abzubilden, da sie sich mangels besserer Unterlagen eben nicht äquivalent wiedergeben läßt. Ein derartiges Modell erfüllt die ihm gesetzten Anforderungen bereits, wenn es die weitere Analyse (z. B. in der Marktforschung) vorwärts bringt und Daten liefert, mit denen bessere Resultate zu erzielen sind als mit der unvollständigen Primär-Statistik allein. Um dieser — bescheiden anmutenden — Zielsetzung zu genügen, bedarf ein empirisches Modell der Totalität. Das Zahlenwerk darf nicht nach einer oder gar mehreren Seiten „offen" sein, Restposten müssen ausgewiesen werden. Nur dann ist es möglich, die vielfältigen gegenseitigen Kontrollchancen zu nutzen — wie etwa die Plausibilität der Restposten — und das Modell in übergeordnete Aggregate, in diesem Fall der volkswirtschaftlichen Gesamtrechnung und der Bevölkerungsstatistik, einzubetten. Diese Kontrollen führen wiederum zu einer starken Detaillierung des Zahlensystems, und es ist nun eine Geschmacksfrage, ob die Detaillierung vorgeführt wird (und damit dem Leser nicht nur zusätzliches Material vermittelt, sondern auch die Kontrollen möglich gemacht werden) oder ob auf sie verzichtet wird (um damit von vornherein erkennbar zu machen, daß die Genauigkeit des Ganzen größer ist als die seiner Teile). Hier wurde der erste Weg gewählt.

Zur Methode

Die dieser Untersuchung zugrunde gelegte Aufgabenstellung zwang dazu, infolge der unumgänglichen statistischen Schwierigkeiten, dem methodischen Verfahren eine besonders große Bedeutung einzuräumen. Wie bereits vermerkt wurde, bezieht sich die vorliegende Untersuchung als Ausgangsbasis im hohen Maße auf eine im Rahmen der „Zusatzerhebung zur Wohnungszählung" (April 1957) vorgenommene Einkommensbefragung. In den Ergebnissen dieser breit angelegten Erhebung sind Angaben von rund 140 000 Haushalten der gesamten Bundesrepublik zusammengefaßt worden. Damit stand erstmals ein tief gegliedertes Ausgangsmaterial für alle Bevölkerungsschichten zur Verfügung, das, über die bereits vorhandenen Unterlagen hinaus, recht erhebliche zusätzliche Erkenntnisse vermittelte. Allerdings war das

Erhebungsziel nicht nur auf Einkommensfragen abgestellt, so daß schon aus diesem Grunde mit einer gewissen Beeinträchtigung der zu erwartenden Ergebnisse gerechnet werden mußte.

So ergaben sich Schwierigkeiten bei der einheitlichen Periodizierung der Einkommensangaben. Für Arbeitnehmer und Rentner sind monatliche oder auch wöchentliche Einkünfte zum Befragungstermin relativ leicht festzustellen, während die richtige Erfassung des Jahreseinkommens weit weniger einfach ist. Demgegenüber können die Einkommen der Selbständigen nur für ein ganzes Jahr — und häufig mit erheblicher Zeitverzögerung erfragt werden.

Die Gefahr unrichtiger oder unvollständiger Angaben ist bei der Erfragung von Haushaltseinkommen recht erheblich, da erfahrungsgemäß nur e i n e Person des betreffenden Haushalts angesprochen wird. Bedenkt man, daß selbst in einem Haushalt mit nur einem Verdiener auch Nebeneinkünfte verschiedenster Art vorhanden sein können, so ist die Möglichkeit recht groß, daß in Familien mit mehreren Einkommensbeziehern von dem befragten Haushaltsmitglied nicht alle Einkünfte genannt werden, sei es lediglich aus Vergeßlichkeit, sei es, weil der Befragte nicht über alle Einkommen genau unterrichtet ist.

Am offenkundigsten treten die Schwierigkeiten im Falle der eindeutigen Aussageverweigerung zutage. Es hat sich gezeigt, daß die hierfür zugrunde liegenden Motive nicht nur rein zufällig sind: So haben 39 vH der befragten Selbständigen im Rahmen der Wohnungszählung keine Angaben zum Einkommen gemacht. Bei allen anderen Haushaltsgruppen war das Ergebnis besser. Von den Angestellten/Beamten- und den Rentner-Haushalten gaben 15 bzw. 16 vH keine Erklärung ab, während die Ausfallsquote bei den Arbeiter-Haushalten mit 9 vH am niedrigsten war. Die Prüfung von Verweigerungsfällen ergab im allgemeinen, daß für die Mehrzahl dieser Haushalte ein über dem Durchschnitt der aussagebereiten Haushalte liegendes Einkommen zu unterstellen ist. So zeigte sich beispielsweise, daß diejenigen Haushalte, die in der Wohnungszählung zwar keine Angaben zum Einkommen, wohl aber zur Höhe der von ihnen akzeptierten Miete und zu der gewünschten Wohnfläche gemacht hatten, ganz erheblich über den Durchschnittswerten derjenigen Haushalte lagen, die auch die Einkommensfragen beantwortet hatten.

Die Ergebnisse der Interviewer-Erhebung zur Wohnungszählung mußten daher durch Ergänzungen und weiterhin durch Anpassungen an die Makro-Aggregate vervollständigt werden. Demgemäß war der Zusammenhang mit den Daten der volkswirtschaftlichen Gesamtrechnung herzustellen oder zu wahren, also ihre Begriffe und Größenordnungen zu übernehmen. Damit konnte nicht nur unmittelbar an die Einkommensübersichten der Gesamtrechnung angeknüpft werden, sondern es wurde auch eine Basis für Kontrollen und Korrekturen der Repräsentativerhebung geschaffen. Zurückblickend auf die methodischen Vorarbeiten läßt sich feststellen, daß gerade der Vergleich zwischen den aus dem Kreislauf gewonnenen gesamtwirtschaftlichen Daten und der Bevölkerungsstatistik einerseits sowie den Ergebnissen der individuellen statistischen Befragung andererseits die empirische Darstellung nicht nur erleichtert, sondern das gesetzte Ziel, eine lückenlose

Einkommensschichtung für zahlreiche Haushaltstypen zu erstellen, überhaupt erst möglich gemacht hat.

Bevor eine Aufgliederung der verfügbaren Einkommen auf die verschiedenen Haushaltsgruppen vorgenommen werden konnte, waren zunächst die funktionalen Einkommen (Nettolöhne und -gehälter, Sozialeinkommen, Entnahmen der Selbständigen) den einzelnen Einkommensbeziehern zuzuordnen[1]. Die dabei erforderlichen Übertragungen und Umrechnungen betrafen allerdings die Einkünfte aus unselbständiger Arbeit nur in geringem Ausmaß und waren auch bei der personellen Zurechnung der Entnahmen nur von untergeordneter Bedeutung, da lediglich ein verhältnismäßig geringer Betrag der in den verteilten Gewinnen enthaltenen Vermögenserträge den Unselbständigen zuzuweisen war. Bedeutend größere Umbuchungen waren indessen bei der Zurechnung der Sozialeinkommen vorzunehmen. Da in dieser Untersuchung als Sozialeinkommensbezieher bzw. Rentner nur solche Personen bezeichnet werden, die ihren Unterhalt überwiegend aus Sozialleistungen bestreiten und nicht mehr im Erwerbsleben stehen, war immerhin rund ein Drittel der Sozialleistungen den Erwerbspersonen zuzurechnen.

Um für die personelle Struktur der Einkommensbezieher und der sonstigen Haushaltsangehörigen eine entsprechend klare Gliederung wie für die Einkommensverteilung zu gewinnen, ging der vorliegenden Untersuchung eine Bestandsaufnahme der gesamten Bevölkerung voraus. Diese stützte sich auf die Volks- und Berufszählung von 1950, die Wohnungszählung von 1956 sowie auf die jährlichen Erhebungen des Mikro-Zensus von 1957 bis 1959; für den jeweiligen Bevölkerungsstand wurden die amtlichen Fortschreibungen zugrunde gelegt[2]. Schließlich sind auch alle weiteren für die personelle Gliederung aufschlußreichen Quellen und Daten der amtlichen Statistik hinzugezogen worden. Aus allen Angaben zusammen wurde eine sozio-ökonomische Übersicht der Bevölkerung aufgestellt, deren Gliederung den Bedürfnissen dieser Arbeit entsprach. So sind die „Erwerbstätigen“ in „Arbeitnehmer“, „Selbständige“ und „mithelfende Familienangehörige“, die Arbeitnehmer wiederum in Arbeiter, Angestellte, Beamte und Lehrlinge gegliedert worden. Die Einbeziehung der „Rentner“ bei gleichzeitiger Ausgliederung der „mithelfenden Familienangehörigen“ — diesen wurden hier ex definition keine eigenen Einkommen zugerechnet — ergab die Gesamtheit der „Einkommensbezieher“. Dadurch, daß abschließend alle personellen Daten mit der jeweiligen Zahl der Gesamtbevölkerung abgestimmt wurden, war es nicht nur möglich, etwaige Doppelzählungen bei der Aufgliederung zu vermeiden, sondern auch die erforderlichen Kontrollen der Einzeldaten wesentlich zu erleichtern.

---

[1] Die in einer früheren Arbeit des Verfassers — „Die Einkommensschichtung in der Bundesrepublik“ (DIW, Berlin, im April 1957 als Manuskript vervielfältigt) — für 1955 vorgelegten Daten für die Einkommensverteilung nach Einkommensbeziehern wurden inzwischen neu berechnet (und fortgeschrieben), da sich die gesamtwirtschaftlichen Ausgangsgrößen für die Bevölkerung wie für die Einkommen geändert hatten.

[2] Inzwischen liegen die Ergebnisse der Volkszählung von 1961 vor: Sie liegen für 1959 um 110 000 Personen (— 0,2 vH) für die gesamte Bevölkerung, um 125 000 Personen (— 0,5 vH) für die männliche Bevölkerung unter und um 15 000 Personen (+ 0,1 vH) für die weibliche Bevölkerung über den Ergebnissen der Fortschreibungen. Diese Abweichungen sind relativ unbedeutend.

In einem weiteren — die Vorarbeiten für die endgültige Schichtung abschließenden — Abschnitt waren endlich die nach personellen Gesichtspunkten gegliederten Einkommen den einzelnen Haushaltsgruppen zuzuordnen. Dabei bildeten die hochgeschätzten Einkommensangaben der Interviewer-Befragung der Wohnungszählung für die „Angestellten/Beamten-", die „Arbeiter-" und die „Rentner-Haushalte" die Grundlage[3]. Es wurde nun versucht, die Ergebnisse der Einkommensschichtung für die einzelnen Einkommensbezieher derart zu kombinieren, daß sie den primär-statistischen Unterlagen für die Einkommensschichtung der Haushalte entsprachen. Diese Kombination wurde getrennt für die Hauptverdiener und die weiteren Einkommensbezieher vorgenommen und dabei unterstellt, daß die Hauptverdiener ein höheres Durchschnittseinkommen haben als die weiteren Einkommensbezieher; das sonst noch für diese Kombination benötigte Mengengerüst bot die bereits erwähnte sozio-ökonomische Übersicht der Bevölkerung nach Personen und nach Haushalten. Nachdem die primär-statistischen Ergebnisse für die Einkommensschichtung der Arbeitnehmer- und Rentner-Haushalte auf Grund dieses Zusammensetzens von einkommens-relevanten Bausteinen gewissermaßen nachvollzogen waren, wurde das gleiche System auch für die Einkommensgliederung der noch offenen „Selbständigen-Haushalte" angewendet. Dieses Verfahren verlangte eine weitgehende Detaillierung — Zahl der Einkommensbezieher und der Haushaltsangehörigen nach Haushaltsgruppen — und führte damit zu einer Vielzahl von Einkommensschichtungen nach sozialer Stellung und nach Größe der Haushalte, gemessen an Einkommensbeziehern wie an Personen.

Ähnlich wurde bei der Fortschreibung des Schichtungsmodells 1957 für 1958 und 1959 wie bei seiner Rückschreibung auf das Jahr 1955 verfahren: Die Schichtung nach Einkommensbeziehern wurde an Hand der gesamtwirtschaftlichen Einkommensdaten extrapoliert, ihre jeweilige Aggregierung in Haushalte der Bevölkerungsstatistik entlehnt.

Definitionen

Die angestrebte Übereinstimmung mit der volkswirtschaftlichen Gesamtrechnung setzt, wie bereits betont, gleiche Definitionen voraus. Zum besseren Verständnis ist daher im folgenden eine kurze Übersicht über die wichtigsten — in dieser Untersuchung verwendeten — Definitionen der volkswirtschaftlichen Gesamtrechnung zusammengestellt.

Als private Haushalte sollen wirtschaftliche Institutionen, in der Regel auch gleichzeitig Wohngemeinschaften, verstanden werden, in denen vorwiegend konsumiert bzw. Geldvermögen gebildet wird. Die „Organisationen ohne Erwerbscharakter", die den internationalen Abmachungen zufolge ebenfalls in diesem Sektor erfaßt werden sollen, sind in diese Unter-

[3] Inzwischen stehen auch die Ergebnisse der zweiten Wohnungserhebung von 1960 zur Verfügung, so daß eine Gegenüberstellung des für 1960 fortgeschriebenen DIW-Modells möglich wird. Die Unterschiedlichkeit in Definitionen, Zeitbezügen und Totalität der beiden Schichtungsbilder erlauben freilich keinen Vergleich, dennoch ist selbst die rohe Gegenüberstellung als Gedanke so naheliegend, daß zur Information auf sie nicht verzichtet werden soll.

suchung, in der nur natürliche Personen berücksichtigt sind, nicht einbezogen worden. Allerdings sind die verfügbaren Einkommen der privaten Haushalte statistisch nicht scharf genug abzugrenzen, um den auf die „Organisationen

Gegenüberstellung der Haushalts-Einkommensschichtungen nach den Wohnungserhebungen 1957 und 1960 und nach den Modellrechnungen des DIW

Monatliches Haushaltseinkommen in DM	1957		1960		Veränderung der Anteile 1960 gegenüber 1957
	1000	vH	1000	vH	vH
			Wohnungserhebung[1]		
unter 200	14,7	12,2	9,4	7,0	— 43
200 — 300	13,4	11,1	12,8	9,5	— 14
300 — 400	22,3	18,5	17,2	12,8	— 31
400 — 500	20,2	16,8	22,2	16,5	— 2
500 — 600	15,7	13,0	18,4	13,7	+ 5
600 — 700	11,2	9,3	14,6	10,9	+ 17
700 — 800	7,4	6,1	11,1	8,3	+ 36
800 — 900	4,9	4,1	8,1	6,0	+ 46
900 — 1 000	3,2	2,7	5,6	4,2	+ 56
1 000 — 1 250	4,3	3,6	8,0	6,0	+ 67
1 250 — 1 500	1,5	1,3	3,3	2,4	+ 85
1 500 — 1 750	0,7	0,6	1,6	1,2	+ 100
1 750 — 2 000	0,3	0,2	0,7	0,5	+ 150
2 000 und mehr	0,6	0,5	1,3	1,0	+ 100
Zusammen	120,4	100,0	134,3	100,0	.
			DIW-Schätzung[2]		
unter 200	1 519	9,1	837	4,7	— 48
200 — 300	1 579	9,4	1 275	7,2	— 23
300 — 400	2 055	12,3	1 478	8,3	— 33
400 — 500	2 309	13,8	1 923	10.8	— 22
500 — 600	2 035	12,1	2 068	11.6	— 4
600 — 700	1 578	9,4	1 820	10,3	+ 10
700 — 800	1 170	7,0	1 452	8,2	+ 17
800 — 900	886	5,3	1 171	6,6	+ 25
900 — 1 000	748	4,5	1 012	5,7	+ 27
1 000 — 1 250	1 331	7,9	1 947	11,0	+ 39
1 250 — 1 500	734	4,4	1 234	7,0	+ 59
1 500 — 1 750	300	1,8	554	3,1	+ 72
1 750 — 2 000	219	1,3	441	2,5	+ 92
2 000 und mehr	287	1,7	538	3,0	+ 76
Zusammen	16 750	100,0	17 750	100,0	.

[1]) 1%ige Repräsentativerhebung unter Ausschluß der Haushalte der selbständigen Landwirte. Haushalte, die zu den Einkommensfragen keine Angaben gemacht haben, sind nicht berücksichtigt worden. Die Angaben über die Einkünfte beziehen sich auf das verfügbare Haushaltseinkommen im Erhebungsmonat April bzw. Mai (bei Selbständigen Jahreseinkommen von 1955 bzw. 1958); [2]) Jahresdurchschnittswerte für die Zahl der gesamten Haushalte; Haushaltseinkommen = monatliche Durchschnittseinkünfte im Jahr.

ohne Erwerbscharakter“ entfallenden, sowieso relativ kleinen Teil in befriedigender Weise eliminieren zu können.

Die Definition der Einkommensentstehung und -verwendung erfolgt analog zur Güterentstehung und -verwendung; die Einkommen entstehen mit der Produktion und werden für Verbrauch und Vermögensbildung verwendet. Die Primäreinkommen werden gegliedert in Bruttoeinkommen aus unselbständiger Arbeit, Bruttoeinkommen aus Unternehmertätigkeit und Vermögen sowie indirekte Steuern abzüglich Subventionen. Davon werden als verfügbare Einkommen der privaten Haushalte die Nettolöhne und -gehälter, die Entnahmen bzw. verteilten Nettogewinne und die empfangenen Übertragungen verwendet.

Die Bruttolohn- und -gehaltssumme ist das Bruttoeinkommen aus unselbständiger Arbeit abzüglich der Arbeitgeberbeiträge zur Sozialversicherung. Einmalige Sonderzuwendungen, wie Weihnachtsgratifikationen und Prämien, sowie Deputate sind einbezogen. Die Nettolöhne und -gehälter ergeben sich nach Abzug der Lohnsteuer und der Sozialversicherungsbeiträge der Arbeitnehmer (einschließlich der Zahlungen an öffentliche Zusatzversorgungsanstalten, bis 1958 auch des Notopfers der Arbeitnehmer).

Die Bruttoeinkommen aus Unternehmertätigkeit und Vermögen privater und juristischer Personen enthalten auch Nebeneinkünfte der Arbeitnehmer und Rentenbezieher aus Vermögen. Abgaben von den Bruttogewinnen sind alle direkten Steuern, Vermögensübertragungen und sonstige Abgaben, soweit sie nicht vom Bruttoeinkommen aus unselbständiger Arbeit abgesetzt oder mit empfangenen Übertragungen saldiert worden sind. Die Aufgliederung der verbleibenden Nettogewinne in verteilte und unverteilte Gewinne, also die alternative Gewinnverwendung für Entnahmen der privaten Haushalte oder unmittelbare Investitionsfinanzierung, folgt den Berechnungen des DIW (vierteljährliche Volkswirtschaftliche Gesamtrechnung).

Die Sozialeinkommen wurden einschließlich gewisser privater Zahlungen (Betriebspensionen) abgegrenzt. Gegenüber den öffentlichen Transfers fallen diese freilich nicht ins Gewicht. Im einzelnen sind hier die Pensionen der öffentlichen Gebietskörperschaften, der Sozialversicherung, Bundesbahn, Bundespost sowie die Pensionen nach § 131 GG enthalten. Die Träger der Sozialversicherung leisten Geldübertragungen in der Rentenversicherung der Arbeiter und Angestellten, der knappschaftlichen Rentenversicherung, der Krankenversicherung, der Arbeitslosenversicherung und der Unfallversicherung. Hier werden auch die Kindergeldzahlungen der Familien-Ausgleichskassen nachgewiesen. Die ausgewiesenen sonstigen Übertragungen setzen sich zusammen aus den Barleistungen der Gebietskörperschaften für Arbeitslosenfürsorge und offene Fürsorge, Kriegsopferversorgung und Kriegsgefangenenentschädigung, für Renten sowie Hausrats- und Ausbildungshilfen im Lastenausgleich und sonstigen kleineren Zahlungen.

Das Schichtungs-Modell ist nach Einkommensklassen (Unterteilungen der Spannweiten zwischen den höchsten und niedrigsten Einkünften) gegliedert. Da die beiden Grenz-Einkommensklassen nach „oben“ und „unten“ offen sind, ist die Spannweite der Einkommensschichtung nicht exakt zu bestimmen, wenn auch im Zeitvergleich einer Haushaltsgruppe oder im Querschnittsvergleich verschiedener Haushaltsgruppen die Unterschiede offenkundig werden. Unter der Streuung des Schichtungsbildes wird die Verteilung der Haushalte auf die einzelnen Einkommensklassen verstanden. Die Schichtung wird differenzierter, wenn die Streuung groß, sie wird nivellierter, wenn die Streuung gering ist.

Struktur der Bevölkerung und der Haushalte

Verteilung und Zuordnung der den privaten Haushalten zufließenden verfügbaren Nettoeinkommen sind nicht nur von dem Einkommen des jeweiligen Haushaltsvorstandes abhängig, sondern werden weitgehend auch von den etwaigen Einkünften weiterer Einkommensbezieher bestimmt. Das Bild über die Versorgungslage und Kaufkraft der einzelnen Haushalte wird jedoch erst dann vollständig, wenn neben der Höhe der Einkommen der jeweiligen Haushalte auch die Struktur des Haushaltes — insbesondere die Zahl der zu versorgenden Personen — berücksichtigt wird.

Mit einem Blick auf die für die Aufgabenstellung dieser Untersuchung abgestimmte Gliederung der Bevölkerung soll daher zunächst auf die personelle Struktur und deren Entwicklung in den untersuchten Jahren näher eingegangen werden, soweit dies zur Klärung der personellen Bestimmungsgründe der Einkommensverteilung notwendig erscheint. Die gesamte Wohnbevölkerung der Bundesrepublik ist in den Jahren 1955 bis 1959 von 49,2 auf 51,7 Mill. Personen — das entspricht einer Zuwachsrate von 5,1 vH — angestiegen; natürliche Bevölkerungsentwicklung und Zuwanderung waren an dieser Zunahme je zur Hälfte beteiligt. Im gleichen Zeitabschnitt hat die Zahl der Einkommensbezieher — und zwar der Erwerbspersonen ausschließlich der mithelfenden Familienangehörigen, jedoch einschließlich der Rentner — etwas stärker zugenommen, nämlich von 26,6 auf 28,5 Mill. Personen (+ 7,1 vH). Bei dieser Gesamtentwicklung darf jedoch nicht unberücksichtigt bleiben, daß sich das Wachstum der einzelnen Bevölkerungsgruppen keineswegs gleichmäßig, ja sich zum Teil sogar gegenläufig vollzogen hat und sich trotz des relativ kurzen Zeitabschnitts in den untersuchten Jahren erhebliche Veränderungen gegenüber der Ausgangsstruktur ergeben haben. (Vgl. Tab. S. 66/67).

Die Personenzahl einzelner Bevölkerungsgruppen — insbesondere der mithelfenden Familienangehörigen — ist in dieser Zeit absolut zurückgegangen, während andere Gruppen relativ an Bedeutung verloren. Dagegen ist der Anteil der Arbeitnehmer an der Gesamtbevölkerung, der sich bereits seit der Währungsreform ständig erhöht hatte, auch in den untersuchten Jahren weiter gestiegen (1950: 32,2 vH; 1955: 35,7 vH; 1959: 36,5 vH). Zu dieser Entwicklung hat neben der anhaltenden Zuwanderung aus Mitteldeutschland auch die verstärkte Beschäftigung von Frauen — insbesondere von Ehefrauen — in hohem Maße beigetragen. Innerhalb der Arbeitnehmergruppe hat die Zahl der Angestellten besonders stark zugenommen. Von 1955 bis 1959 stieg sie um 26 vH und damit stärker als jede andere Gruppe der Erwerbspersonen. Hier setzte sich der schon seit längerem beobachtete Wandel von den Arbeiter- zu den Angestelltenfunktionen noch deutlicher als zuvor durch. Dagegen ist die Zahl der Lehrlinge — und zwar ausschließlich wegen der schwächeren

Schulentlassenen-Jahrgänge — zurückgegangen; schließlich ist auch die Zahl der registrierten arbeitslosen Arbeitnehmer mit zunehmender Vollbeschäftigung von 930 000 auf 475 000, um fast die Hälfte, gesunken.

Die Zahl der selbständigen Erwerbspersonen hat sich insgesamt — bei einer Zunahme von 3,155 auf 3,185 Mill. — zwar nur geringfügig verändert; hinter dieser relativen Konstanz verbergen sich jedoch zum Teil beträchtliche Veränderungen in den einzelnen Wirtschaftsbereichen. Vor allem ist der Personenkreis der selbständigen Landwirte und Handwerker nicht unerheblich zurückgegangen, während im Handel und insbesondere in den freien Berufen zusätzlich neue Existenzen gegründet worden sind. Für die vorliegende Einkommensuntersuchung war dieser Vorgang deshalb von besonderer Bedeutung, da ganz überwiegend einkommensschwache Grenzbetriebe aufgegeben wurden, an deren Stelle — per Saldo — Selbständige in zumeist besserer Einkommensposition getreten sind.

Die personelle Abnahme der mithelfenden Familienangehörigen, deren Zahl sich von 3,025 auf 2,880 Mill. Personen verringert hat, ist fast allein auf den starken Beschäftigungsrückgang in der Landwirtschaft zurückzuführen, in der allein mehr als zwei Drittel dieses Personenkreises tätig sind. In den gewerblichen Familienbetrieben hat dagegen die Zahl der mithelfenden Familienangehörigen eher noch zugenommen.

Als Ergebnis der im einzelnen recht unterschiedlichen Entwicklung hat in den untersuchten Jahren die Zahl der gesamten Erwerbspersonen von 23,7 auf 25,0 Mill. zugenommen. Blickt man jedoch auf die Erwerbsquote — Anteil der Erwerbspersonen an der Gesamtbevölkerung der Bundesrepublik —, so ist diese zwar im Verlauf der Jahre 1955 bis 1959 nochmals geringfügig (von 48,2 auf 48,3 vH) gestiegen, hatte jedoch bereits 1957 mit einem Anteil von 48,8 vH einen vorläufigen Höhepunkt erreicht. Aus strukturellen Gründen ist damit zu rechnen, daß die Erwerbsquote auch weiter sinken wird. Der Anteil der im erwerbsfähigen Alter stehenden Bevölkerungsgruppe wird auf längere Sicht zurückgehen, da einmal der 1957 extrem niedrige Anteil der Kinder unter 15 Jahren (20,6 vH) bei weiterer „Normalisierung" der Bevölkerungspyramide wieder größer werden wird, andererseits aber auch die Zahl der Personen über 65 Jahre, wie schon bisher, überdurchschnittlich zunehmen wird.

Den Sozialeinkommensbeziehern — im folgenden kurz Rentner genannt — sind in der hier verwendeten Definition alle Personen, die öffentliche oder betriebliche Sozialleistungen und Beamtenpensionen beziehen sowie alle privaten Rentner und auch die Altenteiler in der Landwirtschaft zugeordnet worden, soweit sie keine bezahlte Erwerbstätigkeit ausüben. Ausgeschlossen wurden auch die Empfänger von Waisenrenten, deren Bezüge den jeweiligen Unterhaltsberechtigten zugerechnet worden sind. Angesichts der Vielzahl von Rentenfällen und Rentenkumulationen, die schon 1953 und 1955 in der L-Enquête — einer Untersuchung über die sozialen Verhältnisse der Rentner und Unterstützungsempfänger — nachgewiesen worden war, erschien dieser scharfe Einschnitt schon deshalb notwendig, um die personelle Einkommensverteilung nach der überwiegenden Einnahmenquelle vornehmen zu können. Die relativ starke Besetzung der älteren Jahrgänge hat zu einer überdurchschnittlichen Zunahme der Zahl der Rentner von 5,900 auf 6,425 Mill. Personen geführt und damit auch deren Anteil an der Gesamtbevölkerung von 12,0 vH auf 12,4 vH erhöht.

Faßt man alle Erwerbspersonen mit Ausnahme der mithelfenden Familienangehörigen einschließlich der Gruppe der Rentner unter dem Begriff „Einkommensbezieher" zusammen, so hat sich dieser Bevölkerungskreis insgesamt stärker als die Gesamtbevölkerung und auch stärker als die Zahl der Erwerbspersonen — nämlich um 7,1 vH — ausgedehnt.

Schließlich ist die sehr unterschiedlich zusammengesetzte Gruppe der Personen ohne Erwerbstätigkeit — die Rentner zählen nach dieser Gliederung nicht dazu — absolut von 19,575 auf 20,350 Mill. Personen gestiegen, hat aber, wie bereits in den Jahren zuvor, auch in dem untersuchten Zeitabschnitt relativ abgenommen (1955: 39,8 vH; 1959: 39,3 vH). Dafür sind mehrere, in ihrer Tendenz jedoch unterschiedliche, Gründe verantwortlich. Einmal ist trotz beträchtlicher Zunahme der Eheschließungen die Zahl der nicht erwerbstätigen Ehefrauen infolge höherer Erwerbsquote der verheirateten Frauen absolut kaum gestiegen, anteilmäßig sogar von 16,2 auf 15,9 vH der Gesamtbevölkerung gesunken. Zum anderen ist die Zahl der Kinder unter 15 Jahren sowohl wegen der geringen Geburtenhäufigkeit in den ersten Nachkriegsjahren als auch infolge des Ausscheidens starker Geburtenjahrgänge aus diesem Alter bis 1956 ständig gefallen. Seitdem hat sich bei zunehmender Geburtenhäufigkeit eine Umkehr angebahnt: So stiegen nicht nur die absoluten Ziffern, sondern es war 1958 und 1959 sogar ein geringes Ansteigen der Anteilsquote festzustellen. Schließlich hat sich die Zahl der älteren Schüler — insbesondere in den Oberstufen der höheren Schulen — wie auch die der Fachschüler und Studenten in den letzten Jahren erheblich erhöht, so daß die Zahl der „sonstigen Personen über 15 Jahre ohne Hauptberuf", die überwiegend in Ausbildung Befindliche umfaßt, auch anteilmäßig von 2,4 auf 2,6 vH stieg.

Trotz der unterschiedlichen Entwicklung einzelner Bevölkerungsgruppen hat die Größenstruktur der privaten Haushalte in der Bundesrepublik über den untersuchten Zeitabschnitt hinweg nur verhältnismäßig geringen Veränderungen unterlegen. Zwar hat sich die überdurchschnittliche Zunahme älterer Personen an der Gesamtbevölkerung auf die Zahl der kleineren Haushalte verstärkend, dafür aber die Entwicklung der auf Kriegsfolgen zurückzuführenden Teilfamilien vermindernd ausgewirkt. Weiterhin sind mit dem Abklingen der Wohnungsnot Großhaushalte und Wohngemeinschaften von Eltern und — erwachsenen und verheirateten — Kindern aufgelöst worden. Endlich hat auch der Rückgang der Zahl der Kinder unter 15 Jahren die Tendenz zum kleineren Haushalt verstärkt. Die genannten Bewegungen haben sich im untersuchten Zeitabschnitt nicht völlig aufgehoben, sondern dazu geführt, daß die Zahl der kleineren Haushalte leicht überproportional stieg. Insgesamt hat die Zahl der privaten Haushalte in der Bundesrepublik annähernd gleichmäßig zur Bevölkerungsentwicklung von 16,370 auf 17,225 Mill. zugenommen.

Gliedert man die Haushalte nach der beruflichen Stellung ihres Vorstandes, der in der Regel auch der Haupteinkommensbezieher ist, so ist entsprechend

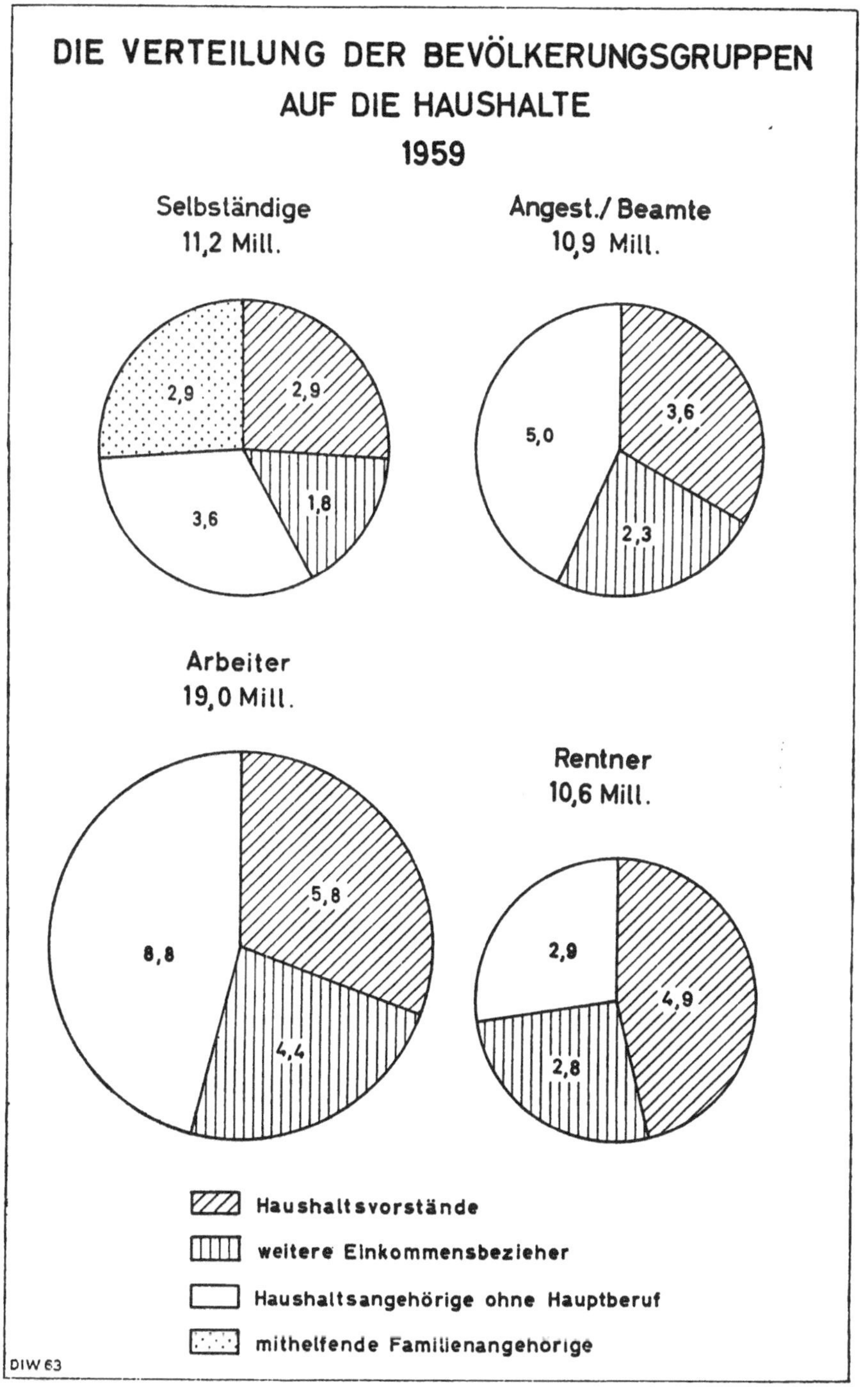
DIE VERTEILUNG DER BEVÖLKERUNGSGRUPPEN
AUF DIE HAUSHALTE
1959
Selbständige
11,2 Mill.
2,9
2,9
1,8
3,6
Angest./Beamte
10,9 Mill.
5,0
3,6
2,3
Arbeiter
19,0 Mill.
8,8
5,8
4,4
Rentner
10,6 Mill.
2,9
4,9
2,8
Haushaltsvorstände
weitere Einkommensbezieher
Haushaltsangehörige ohne Hauptberuf
mithelfende Familienangehörige
DIW 63

der unterschiedlichen Veränderung der einzelnen Bevölkerungsgruppen der Anteil der Selbständigen-Haushalte stärker, der der Arbeiter-Haushalte leicht zurückgegangen, während das Gewicht der Angestellten/Beamten-Haushalte und der Rentner-Haushalte gestiegen ist. Gemessen an der Gesamtzahl der Haushalte waren 1955 und 1959 die Arbeiter-Haushalte mit 34,5 bzw. 34,1 vH die stärkste Gruppe; es folgten die Rentner-Haushalte (28,0 bzw. 28,6 vH), die Haushalte der Angestellten und Beamten (20,2 bzw. 20,8 vH) und schließlich die Haushalte der Selbständigen (17,3 bzw. 16,5 vH).

Eine Gliederung nach der Größenordnung der Haushalte zeigt, daß in der Bundesrepublik 1955 und 1959 die 2-Personen-Haushalte (1959: 26,2 vH) und 3-Personen-Haushalte (1959: 23,2 vH) überwogen. Es folgten ungefähr zu gleichen Anteilen die Einzel-Haushalte (1959: 17,6 vH) und die Haushalte mit vier Angehörigen (1959: 17,1 vH), während die Haushalte mit größerer Personenzahl den Schluß bilden. Das Bild verschiebt sich selbstverständlich außerordentlich, wenn an Stelle des Anteils an den gesamten Haushalten der Anteil an der gesamten Bevölkerung zur Bezugsgröße wird. Die größte zahlenmäßige Bedeutung haben nunmehr die 3- und 4-Personen-Haushalte; in diesen beiden Haushaltsgruppen lebten 1959 rund 12,0 bzw. 11,8 Mill. Personen, zusammen also fast die Hälfte (46 vH) der Bevölkerung der Bundesrepublik. Faßt man die Haushalte mit fünf und mehr Personen zusammen, so gehörten ihnen nahezu ein Drittel (31 vH) und der Gruppe der 1- und 2-Personen-Haushalte zusammen nicht ganz ein Viertel (23 vH) der Bevölkerung an.

Die Haushaltsgröße ist neben anderen Bestimmungsgründen recht erheblich von der sozialen Stellung des Haushaltsvorstandes abhängig. So sind bei den Selbständigen — der Gruppe mit der größten durchschnittlichen Personenzahl je Haushalt — die 1- und 2-Personen-Haushalte (1959: 6,3 bzw. 18,2 vH) relativ selten, dagegen die größeren Haushalte mit fünf und mehr Personen — mit einem Anteil von einem Drittel — sehr häufig anzutreffen. Demgegenüber entfallen fast drei Viertel aller Rentner-Haushalte auf die beiden kleinsten Haushaltsgruppen (1959: Einzel-Haushalte = 35,4 vH, 2-Personen-Haushalte = 36,7 vH). Bezogen auf die Gesamtstruktur hatten 1959 über die Hälfte aller Einzel-Haushalte — nämlich 57,2 vH — und zwei Fünftel aller 2-Personen-Haushalte einen Rentner als Vorstand. Bei den Gruppen der Angestellten/Beamten und der Arbeiter sind die Abweichungen vom Gesamtdurchschnitt — insbesondere bei den Haushaltsgruppen mit mittlerer Personenzahl — wesentlich geringer.

Verständlicherweise verändert sich das Gewicht der einzelnen Haushaltsgruppen je nachdem, ob man die Gesamtzahl der Haushalte oder die gesamte Bevölkerung zugrundelegt. Dementsprechend betrug im Jahre 1959 der Anteil der Selbständigen-Haushalte an allen Haushalten 16,5 vH, der Anteil der in diesen Gruppen erfaßten Angehörigen an der Gesamtbevölkerung jedoch 21,5 vH. Bei der Gruppe der Angestellten/Beamten veränderte der Wechsel in der Bezugsgröße das Gewicht gar nicht und bei den Arbeitern nur verhältnismäßig geringfügig (1959 Haushaltsanteil = 34,0 vH, Bevölkerungsanteil = 36,9 vH). Dagegen war der Anteil der Rentner-Haushalte an allen

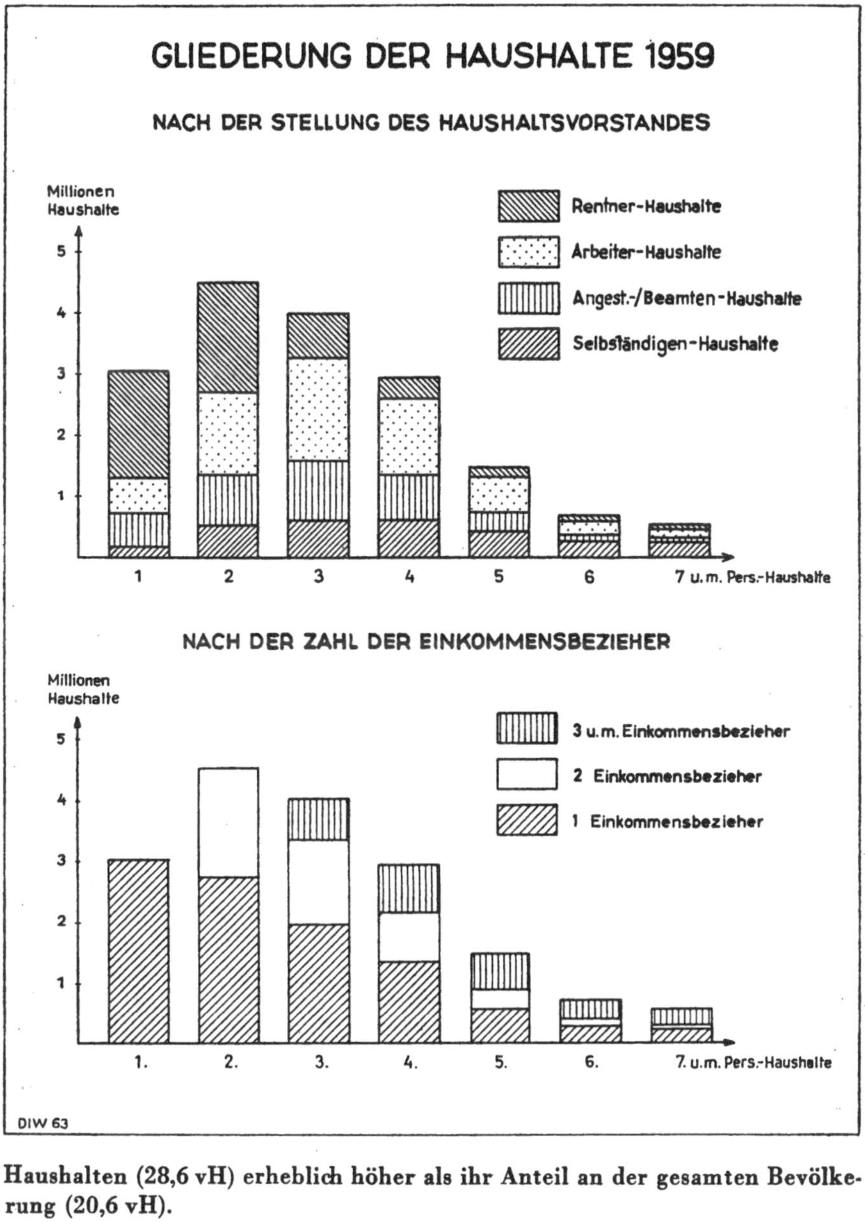

Haushalten (28,6 vH) erheblich höher als ihr Anteil an der gesamten Bevölkerung (20,6 vH).

Neben dem jeweiligen Haushaltsvorstand der 14,2 Mill. Mehr-Personen-Haushalte trugen 1959 noch 11,3 Mill. (1955: 10,2 Mill.) weitere Einkommensbezieher — davon 0,3 Mill. Selbständige, 2,4 Mill. Angestellte und Beamte, 5,7 Mill. Arbeiter, 1,4 Mill. Lehrlinge und schließlich 1,5 Mill. Rentner — zum gemeinsamen Haushaltseinkommen bei. Hinzu kamen 2,9 Mill. mithelfende Familienangehörige, die fast ausnahmslos in den Haushalten der Selbständigen durch ihre Tätigkeit zum gemeinsamen Familienverdienst beisteuerten. Der Anteil der weiteren Einkommensbezieher war bei den Haushalten der Arbeiter (23,2 vH) und der Rentner (26,2 vH) höher als im Gesamtdurchschnitt (21,8 vH). Bezöge man jedoch bei diesem Vergleich die mithelfenden Familienangehörigen mit ein, dann würde der Anteil der weiteren Einkommensbezieher bei den Selbständigen-Haushalten (41,8 vH) die in den anderen Gruppen festgestellten Relationen ganz beträchtlich übersteigen.

Funktionelle und personelle Einkommensverteilung

Bei der Zuordnung der Einkommen auf die einzelnen Haushalte war davon auszugehen, daß die verfügbaren Einkommen der privaten Haushalte in der volkswirtschaftlichen Gesamtrechnung — funktional betrachtet — als Nettolöhne und -gehälter, Sozialeinkommen (einschließlich Betriebspensionen) und schließlich als entnommene oder verteilte Gewinne (einschließlich der Kapitaleinkünfte und sonstiger Vermögenserträgnisse) ausgewiesen werden. Diese funktionalen Einkommensbeträge waren zunächst auf die persönlichen Einkommensbezieher und in einem weiteren Schritt auf die einzelnen privaten Haushalte zu übertragen.

In den untersuchten Jahren entfiel mehr als die Hälfte der verfügbaren Einkommen allein auf die Nettolöhne und -gehälter, etwas weniger als je ein Viertel auf die Entnahmen und die Sozialeinkommen. Von 1955 bis 1959 sind bei einer durchschnittlichen Zunahme der gesamten verfügbaren Einkommen um 44 vH die Sozialeinkommen am stärksten — nämlich um 59 vH — gestiegen. Diese Entwicklung ist weitgehend auf die starke Verbesserung der Leistungen der sozialen Rentenversicherung im Jahre 1957 zurückzuführen. Demgegenüber blieb die Expansion der entnommenen Gewinne mit 42 vH und die der Nettolöhne und -gehälter mit nur 39 vH deutlich zurück.

Die Umrechnung von der funktionalen auf die personelle Einkommensverteilung bereitete gewisse Schwierigkeiten. So waren insbesondere für die Sozialeinkommen erhebliche „Umbuchungen" vorzunehmen, da in den untersuchten Jahren durchschnittlich ein Drittel der gesamten Sozialleistungen als zusätzliche Einkünfte an Erwerbspersonen gezahlt worden ist. Geringere Veränderungen wurden dadurch verursacht, daß in der volkswirtschaftlichen Gesamtrechnung die Vermögenserträge aus methodischen Gründen ganz in die Entnahmen der Selbständigen einbezogen sind, davon aber ein Teil auch den Arbeitnehmern und Rentnern zufließt. Schließlich waren auch geringfügige Teilbeträge der Löhne und Gehälter an Nicht-Arbeitnehmergruppen weiterzuleiten.

Nach Abschluß der genannten Zuordnungen werden die Unterschiede in der Expansion noch deutlicher: So sind die gesamten Einkommen der Rentner von 1955 bis 1959 um 60 vH (von 14,1 Mrd. DM auf 22,5 Mrd. DM), die der Angestellten und Beamten um 52vH (von 26,0 Mrd. DM auf 39,6 Mrd. DM), die der Selbständigen um 43 vH (von 26,5 Mrd. DM auf 37,9 Mrd. DM) und schließlich die der Arbeiter um 33 vH (von 44,4 Mrd. DM auf 59,0 Mrd. DM) gestiegen.

Es ergibt sich jedoch ein anderes Bild, wenn man die Betrachtung auf die Pro-Kopf-Einkommen abstellt. Einerseits hat sich die Zahl der Selbständigen kaum, die der Arbeiter (+ 2 vH) — einschließlich Lehrlinge, Heimarbeiter sowie der arbeitslosen Lohnempfänger — nur geringfügig verändert, andererseits hat die Zahl der Rentner (+ 9 vH) beträchtlich, die der Angestellten und Beamten[4] aber ganz außerordentlich zugenommen (+ 24 vH).

Zwar weisen die durchschnittlichen Einkommen der Rentner mit 47 vH immer noch die stärkste Steigerung auf, aber der Abstand zur Expansion der durchschnittlichen Entnahmen der Selbständigen, die sich um 42 vH erhöhten, ist kleiner. Es wäre allerdings verfehlt, aus den Veränderungen der Jahre 1955 bis 1959 auch längerfristige Entwicklungstendenzen ableiten zu wollen. So sind gerade in diesen Jahren einmalige Faktoren wirksam geworden, insbesondere die Leistungsverbesserungen der sozialen Rentenversicherung, aber auch eine überdurchschnittliche Zunahme der Selbständigen-Einkommen. Wie die neueren Daten der volkswirtschaftlichen Gesamtrechnung zeigen, würde eine Erweiterung der Untersuchung bis zum Jahre 1961 zu einer Abschwächung der Unterschiede in der Einkommensentwicklung führen.

Durchschnittseinkommen der Haushalte

Die oben genannten Einkommensrelationen haben zunächst nur die persönliche Einkommensverteilung charakterisiert. Die Einkommen der einzelnen Haushalte werden in erheblichem Maße von den Einkünften des Hauptverdieners bestimmt. So bezogen die Haushaltsvorstände (einschließlich der allein lebenden Personen) von dem gesamten verfügbaren Einkommen allein 70 vH, nämlich 78 bzw. 111 Mrd. DM. Der Einkommensanteil, den die Haushaltsvorstände zum jeweiligen Einkommen beisteuerten, war mit 80 vH bei den Haushalten der Selbständigen am größten. Bei der Interpretation dieser Relation ist allerdings zu berücksichtigen, daß die Arbeitsentgelte der mithelfenden Familienangehörigen im Einkommen des Haushaltsvorstandes (ex definitione) mit enthalten sind. Auch bei der Angestellten/Beamten-Gruppe lag der Anteil des Haushaltsvorstandes über dem Gesamtdurchschnitt. Dagegen trugen zum Einkommen der Arbeiter- und Rentner-Haushalte die weiteren Familienangehörigen verhältnismäßig umfangreiche Einkünfte bei, so daß in diesen beiden Gruppen im Jahre 1959 der Haushaltsvorstand lediglich einen durchschnittlichen Einkommensanteil von 64 bzw. 61 vH aufzuweisen hatte.

Die Durchschnittseinkommen der Selbständigen-Haushaltsvorstände (1959: 12 315 DM) übertrafen besonders eindeutig die Beträge der weiteren Einkommensbezieher (1959: 4660 DM). Umgekehrt waren in den Rentner-Haushalten in vielen Fällen die Arbeitseinkünfte weiterer Einkommensbezieher höher als die Rentenbezüge des Vorstandes, so daß hier die durchschnittlichen Einkommen der weiteren Haushaltsangehörigen (1959: 4050 DM) sogar die des Haushaltsvorstandes (1959: 3375 DM) überstiegen.

Von den Durchschnittseinkommen aller Haushalte im Jahre 1959 in Höhe von 9230 DM (1955: 6780 DM) wichen die durchschnittlichen Beträge für die vier Hauptgruppen erheblich ab. Im einzelnen beliefen sie sich für die Haushalte der Selbständigen auf 15 300 DM (1955: 10 780 DM), für die Haushalte

[4] Hierbei hat allerdings der Aufbau der Bundeswehr die Ergebnisse stark beeinflußt.

Entwicklung und Veränderung

	Durchschnittseinkommen je					
	Haushalt		Einkommensbezieher		Haushaltsangehörigen	
	1955	1959	1955	1959	1955	1959
	DM					
	nach der Stellung des Haushaltsvorstandes					
Haushaltsvorstand						
Selbständiger	10 780	15 300	6 645	9 325	2 755	3 910
Angestellter/Beamter	8 010	10 530	5 110	6 465	2 665	3 470
Arbeiter	6 255	8 305	3 630	4 735	1 935	2 555
Rentner	4 075	5 875	2 635	3 750	1 885	2 715
	nach der Haushaltsgröße					
Haushalte mit						
1 Person	3 435	4 740	3 435	4 740	3 435	4 740
2 Personen	5 475	7 450	3 940	5 345	2 735	3 725
3 Personen	7 095	9 570	4 290	5 710	2 365	3 190
4 Personen	8 310	11 255	4 475	5 880	2 080	2 815
5 Personen	9 770	13 250	4 385	5 765	1 955	2 650
6 Personen	10 815	15 020	4 390	5 795	1 800	2 505
7 und mehr Personen	12 315	17 110	4 295	5 775	1 565	2 185
	nach der Zahl der Einkommensbezieher					
1 Einkommensbezieher	5 045	6 865	5 045	6 865	1 955	2 685
2 Einkommensbezieher	7 750	10 430	3 875	5 215	2 535	3 410
3 u. mehr Einkommensbez.	12 150	16 250	3 455	4 545	2 610	3 510
Haushalte, gesamt	6 780	9 230	4 170	5 575	2 255	3 070

der Angestellten und Beamten auf 10 530 DM (1955: 8010 DM); je Haushalt der Arbeiter wurden 1959 durchschnittlich 8305 DM (1955: 6255 DM) und schließlich je Haushalt der Rentner 5875 DM (1955: 4075 DM) vereinnahmt.

Stellt man die Betrachtung auf die Haushaltseinkommen je Einkommensbezieher ab, so vermindern sich die für die Haushaltsvorstände genannten Unterschiede erheblich, da die Einkommen der weiteren Einkommensbezieher weit weniger stark voneinander abweichen als die Einkommen der Hauptverdiener. Die Einkommensbezieher der Selbständigen-Haushalte verdienten im Jahre 1959 im Durchschnitt 9325 DM, die der Angestellten- und Beamten-Haushalte 6465 DM, die der Arbeiter-Haushalte 4735 DM und die der Rentner-Haushalte 3750 DM.

Bei den bisher durchgeführten Durchschnittsberechnungen blieb die Größe der Haushalte unberücksichtigt. Für Vergleiche der Lebenshaltung sind aber die Durchschnittseinkommen je Haushaltsangehörigen wesentlich aufschlußreicher. Auf den ersten Blick fällt dann eine starke Angleichung der Je-Kopf-Beträge gegenüber den bisher genannten Relationen auf. Diese Annäherung ist darauf zurückzuführen, daß das jeweilige Einkommen der Haushalte mit steigender Personenzahl zwar insgesamt zunimmt, die auf den einzelnen Haushaltsangehörigen entfallenden Beträge aber in den größeren Haushalten geringer werden. So konnte im Durchschnitt je Angehörigen eines Selbständigen-Haushaltes im Jahre 1959 ein Betrag von 3910 DM (1955:

der Durchschnittseinkommen 1955 und 1959

Zuwachs der Durchschnittseinkommen je					
Haushalt		Einkommensbezieher		Haushaltsangehörigen	
1959 gegenüber 1955					
DM	vH	DM	vH	DM	vH
nach der Stellung des Haushaltsvorstandes					
4520	41,9	2680	40,3	1155	41,9
2520	31,5	1355	26,5	805	30,2
2050	32,8	1105	30.4	620	32,0
1800	44,2	1115	42,3	830	44,0
nach der Haushaltsgröße					
1305	38,0	1305	38,0	1305	38,0
1975	36,1	1405	35,7	990	36,2
2475	34,9	1420	33,1	825	34,9
2945	35,4	1405	31,4	735	35,3
3480	35,6	1380	31,5	695	35,5
4205	38,9	1405	32,0	705	39,2
4795	38,9	1480	34,5	620	39,6
nach der Zahl der Einkommensbezieher					
1820	36,1	1820	36,1	730	37,3
2680	34,6	1340	34,6	875	34,5
4100	33,7	1090	31,5	900	34,5
2450	36,1	1405	33,7	815	36,1

2755 DM) ermittelt werden, während die entsprechenden Durchschnittseinkommen sich in den Angestellten/Beamten-Haushalten auf 3470 DM (1955: 2665 DM), in den Arbeiter-Haushalten auf 2555 DM (1955: 1935 DM) und schließlich in den Rentner-Haushalten auf 2715 DM (1955: 1885 DM) beliefen. Zwischen 1955 und 1959 haben sich vor allem die Durchschnittseinkommen der in den Rentner-Haushalten lebenden Personen stark erhöht und dabei seit 1957 sogar die für die Arbeiter-Haushalte ausgewiesenen Durchschnittseinkommen je Haushaltsangehörigen übertroffen. Mitbestimmend für die geringe Streuung der Durchschnittseinkommen je Haushaltsangehörigen in den vier Hauptgruppen war vor allem der relativ hohe Anteil der Kinder bei den Selbständigen — insbesondere in der Landwirtschaft — und andererseits die verhältnismäßig geringe Kinderzahl in den Rentner-Haushalten.

Die Verteilung der Einkommensbezieher auf die einzelnen Haushalte zeigt folgendes Strukturbild: In den Jahren 1955 und 1959 gab es in der Bundesrepublik 9,8 bzw. 10,1 Mill. Haushalte (Anteil: 60 bzw. 59 vH) mit nur e i n e m Einkommensbezieher; 4,2 bzw. 4,5 Mill. Haushalte (25 bzw. 26 vH) hatten z w e i und 2,4 bzw. 2,7 Mill. Haushalte (15 vH) d r e i und m e h r Einkommensbezieher. Selbstverständlich sind in den größeren Haushalten in der Regel neben dem Hauptverdiener auch weitere Einkommensbezieher erheblich häufiger anzutreffen. So waren in den untersuchten Jahren fast zwei Drittel aller 2-Personen- und die Hälfte aller 3-Personen-Haushalte allein auf das Einkommen des Haushaltsvorstandes angewiesen; jedoch hingen nur etwa 40 vH aller Haushalte mit f ü n f und m e h r Personen allein vom Einkommen ihres Haushaltsvorstandes ab. Aber auch der Anteil der Haushalte mit zwei Einkommensbeziehern, der bei den 2-Personen-Haushalten 39 vH betrug, war mit steigender Personenzahl rückläufig (3-Personen-Haushalte 34 vH; 4-Personen-Haushalte 27 vH) und belief sich bei der der Zahl nach größten Haushaltsgruppe nur noch auf 10 vH. Dagegen stieg die Bedeutung der Haushalte mit drei und mehr Einkommensbeziehern in den größeren Haushalten außer-

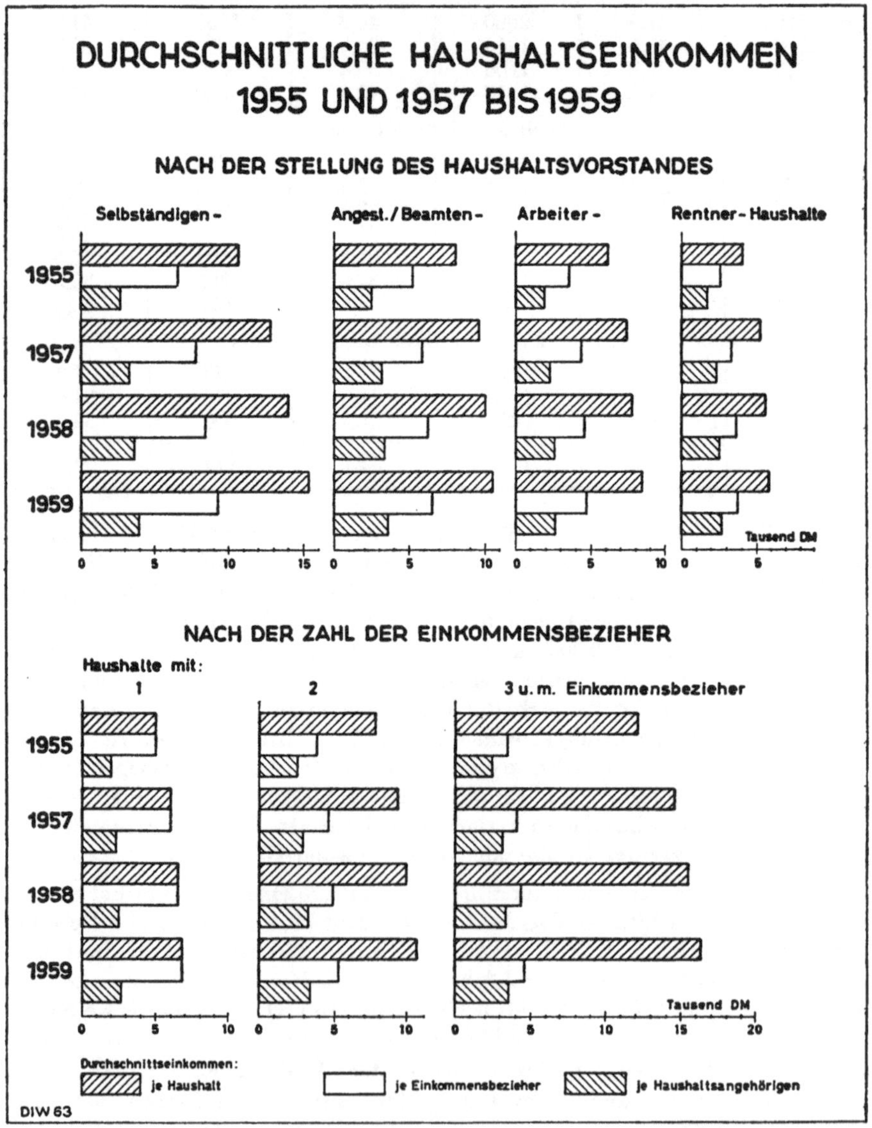

DURCHSCHNITTLICHE HAUSHALTSEINKOMMEN 1955 UND 1957 BIS 1959

NACH DER HAUSHALTSGRÖSSE

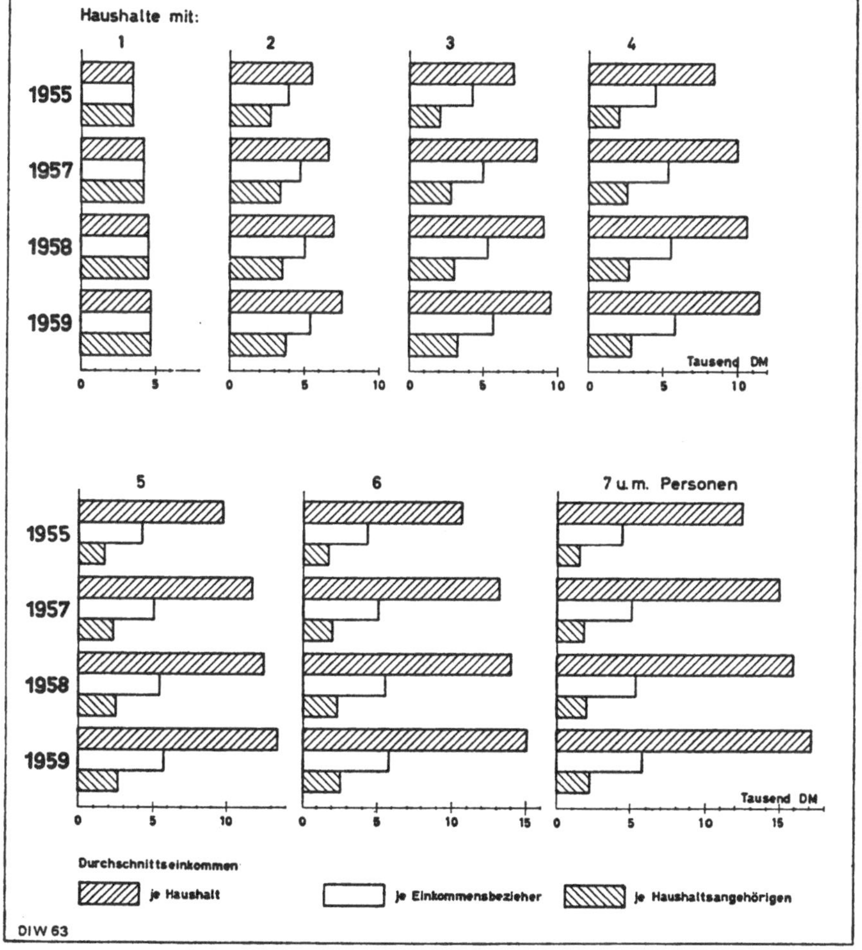

ordentlich stark an, so daß auf diese Gruppe schließlich mehr als die Hälfte aller Haushalte mit sieben und mehr Personen entfielen. (Vgl. Tab. S. 74/75).

Vom gesamten verfügbaren Einkommen flossen 1959 den Haushalten mit einem Einkommensbezieher 70 Mrd. DM zu. Diese Gruppe hatte an der Gesamtzahl der Haushalte einen Anteil von 59 vH, war aber am gesamten Einkommen nur mit 44 vH beteiligt. Die Haushalte mit zwei Einkommensbeziehern hatten fast den gleichen Anteil am Gesamteinkommen wie an der Zahl der gesamten Haushalte. Auf die Haushalte mit drei und mehr Einkommensbeziehern entfiel im Jahre 1959 ein Einkommen von 43 Mrd. DM; damit war ihr Anteil am Gesamteinkommen (27 vH) wesentlich höher als an der Zahl der Haushalte (15 vH), was vor allem auf das erheblich höhere Durchschnittseinkommen dieser Haushalte (1959: 16 250 DM) zurückzuführen ist.

Die Einkommen der alleinverdienenden Haushaltsvorstände lagen im Durchschnitt höher (1959: 6865 DM) als die der Haushaltsvorstände in Mehr-Verdiener-Haushalten (1959: 5905 DM), was natürlich wiederum die Dringlichkeit zu Arbeitsaufnahme oder Weiterarbeit anderer Haushaltsangehöriger — insbesondere der Ehefrauen — erhöht hat. Allerdings waren die Arbeitsverdienste der weiteren Haushaltsangehörigen — ganz besonders der rund 1,4 Mill. Lehrlinge und auch der Teilbeschäftigten — wesentlich niedriger als die des Haushaltsvorstandes: So betrug 1959 das Durchschnittseinkommen der zusätzlichen Einkommensbezieher lediglich 4215 DM, das der Hauptverdiener 6465 DM. Immerhin ermöglichten die zusätzlichen Verdienste der weiteren Einkommensbezieher in den Mehr-Verdiener-Haushalten, daß die höheren Einkommen des alleinverdienenden Haushaltsvorstandes durch die Kumulation der gesamten Einkünfte nicht nur ausgeglichen wurden, sondern darüber hinaus die Mehr-Verdiener-Haushalte ein vergleichsweise erheblich höheres Einkommen erreichten. Das Einkommen je Haushaltsangehörigen der 1-Verdiener-Haushalte wurde von den Haushalten mit zwei Einkommensbeziehern um 27 vH und von denen der Familien mit drei und mehr verdienenden Personen um 31 vH übertroffen. Über die Hälfte des Einkommens der Haushalte mit mehreren Verdienern — im Jahre 1959 rund 48 Mrd. DM von insgesamt 90 Mrd. DM — wurde von den zusätzlichen Einkommensbeziehern beigesteuert.

Gliederungsprinzipien der Einkommensschichtung

Für die in dieser Untersuchung herauszustellenden Gliederungsmerkmale war von der doppelten Aufgabe auszugehen, einmal genügend differenzierte „homogene" Gruppen zu bilden, andererseits aber durch eine Beschränkung in der Typenauswahl Vergleich und Übersicht nicht zu gefährden. Dies mag im einzelnen dazu geführt haben, daß nicht alle einkommensanalytisch interessanten Gesichtspunkte in der Schichtung berücksichtigt worden sind. Immerhin hat die Zahl der Haushaltstypen, für die eine Schichtung erarbeitet worden ist, einen Umfang erreicht, der angesichts der erforderlichen Zusammenfassung und Aggregierung eine noch tiefergehende Gliederung ausschloß.

Die Einkommensklassen der für diese Untersuchung verwendeten Einkommensskala sind sowohl den Gesamtübersichten wie auch den Einzelschichtungen zugrundegelegt worden. Die Häufigkeitsverteilung ließ es ratsam erscheinen, in den unteren und mittleren Einkommensklassen (bis 800 DM) gleiche Einkommensabstände von 50 DM für die Klassenintervalle zu wählen, dann aber die Abstände auf 100 DM und schließlich in den hohen Bereichen auf 250 DM zu erhöhen. Nach den vorliegenden Ergebnissen hätte allenfalls eine zusätzliche Aufspaltung der Klasse „2000 und mehr" für die Selbständigen-Haushalte die Aussage in dieser Hinsicht noch erweitern können.

Abgesehen von der schon statistisch schwierigeren Erfassung der Selbständigen-Einkommen wird ein Vergleich zwischen den Selbständigen-Haushalten und den anderen sozialen Gruppen durch die nicht ganz übereinstimmende Abgrenzung des Einkommensbegriffs erschwert. So sind beispielsweise die bei den Entnahmen der Selbständigen bereits abgesetzten Werbungskosten in den Nettolöhnen und -gehältern der Arbeitnehmer mit enthalten. Der im Einkommen zahlreicher Selbständigen-Haushalte enthaltene Naturalverbrauch wird allgemein — methodisch durchaus richtig — zu Erzeuger- bzw. Einkaufspreisen bewertet, auf die hier angestellten Vergleiche wirkt sich diese Bewertung aber störend aus. Auch ist zu berücksichtigen, daß ein — wenn auch schwer bestimmbarer — Teil der privaten Ausgaben der Selbständigen im Betriebsaufwand mit enthalten ist.

Bei der Gliederung der Haushalte nach der Zahl der Einkommensbezieher ist die zum Teil sehr unterschiedliche Einkommenshöhe der einzelnen Empfängerkategorien von erheblicher Bedeutung für die Einkommensschichtung der Haushalte. Neben den Lehrlingen und Teilbeschäftigten sind auch zahlreiche am Anfang des Berufslebens stehende Personen — insbesondere erwerbstätige Jugendliche in Elternhaushalten — mit relativ niedrigen Verdiensten unter den weiteren Einkommensbeziehern anzutreffen. Insgesamt sind etwa bei der Hälfte der mitverdienenden Haushaltsangehörigen nur relativ niedrige Einkommen zu vermuten.

Die Gliederung nach der Größe der Haushalte ist in dieser Untersuchung lediglich auf die Personenzahl abgestellt worden. Auf eine bisweilen in anderen Untersuchungen anzutreffende Umrechnung der einzelnen Altersgruppen auf fiktive „Vollpersonen" ist aus Gründen der Vereinfachung verzichtet worden. Immerhin kann annäherungsweise davon ausgegangen werden, daß in den 2-Personen-Haushalten der Anteil der Jugendlichen oder Kinder nur gering ist und daß für die größeren Haushalte steigende Kinderzahlen zu unterstellen sind.

Auf eine Gliederung der Haushalte nach der Familienstruktur — etwa nach der Zahl der Kinder, nach dem Verwandtschaftsverhältnis oder der Zahl und der Art der zusammenlebenden Generationen — ist aus den bereits angesprochenen Gründen der Vereinfachung und der Übersichtlichkeit ganz verzichtet worden. Gewisse Rückschlüsse auf die familienmäßige Gliederung ergeben sich aber aus der Verteilung der Haushalte nach der Zahl der Einkommensbezieher und nach der Größe der Haushalte.

Die Daten des Modells

Einkommensschichtung für alle Haushalte

a) Gesamtübersicht

Die bisherige Darstellung der allgemeinen Einkommensverteilung wie auch der Durchschnittseinkommen dürften bereits hinreichend deutlich gemacht haben, daß diese Daten lediglich eine Ausgangsbasis für eine erste Orientierung sein können. Einleitend soll nun in einer zusammengefaßten Übersicht die „Durchschnittsschichtung" der gesamten Haushaltseinkommen vorgeführt werden.

Die gesamte Schichtung zeigt eine zunächst dichte — mit steigendem Einkommen aufgelockerte — Verteilung über alle Einkommensklassen hinweg, läßt jedoch auch eine „Massierung" der Haushalte in den mittleren Bereichen klar erkennen. Von den 16,4 Mill. privaten Haushalten hatte im Jahre 1955 etwas mehr als ein Fünftel ein monatliches Einkommen von 300 bis 450 DM. Im — größeren — Bereich zwischen 200 und 500 DM waren in den einzelnen Klassen jeweils mehr als 1 Mill. Haushalte — insgesamt 6,7 Mill. — und damit mehr als zwei Fünftel aller Haushalte zu finden; diesen flossen 26 vH aller privaten Nettoeinkommen zu. Mit weiter steigenden Einkommen wurde die Besetzung der einzelnen Klassen, etwa von 800 DM monatlich an, bereits ziemlich spärlich. Insgesamt bezog 1955 mehr als die Hälfte aller Haushalte in der Bundesrepublik Einkommen unter 500 DM, ein Drittel hatte Einkommen zwischen 500 und 1000 DM, während nur etwa ein Zehntel der Haushalte mehr als 1000 DM monatlich zur Verfügung hatte.

Diese Relationen ändern sich jedoch beträchtlich, wenn man an Stelle des Haushaltsanteils den Anteil am gesamten Einkommen (111 Mrd. DM) zur Bezugsgröße macht: So entfielen 1955 drei Zehntel (33 Mrd. DM) der Haushaltseinkommen auf den Bereich unter 500 DM, zwei Fünftel (45 Mrd. DM) auf Einkommen zwischen 500 und 1000 DM und ebenfalls drei Zehntel (33 Mrd. DM) auf die noch höheren Einkommensbereiche.

Die starke Zunahme der privaten Nettoeinkommen bis 1959 — um nahezu die Hälfte gegenüber 1955 — veränderte das Bild der Einkommensschichtung bei zunehmender Streuung ganz erheblich. So verlagerte sich der häufigste Einkommensbereich — die drei jeweils am dichtesten besetzten Klassen — in den einzelnen Jahren stetig aufwärts: 1957 auf 350 bis 500 DM (20,3 vH aller Haushalte), 1958 und 1959 auf 400 bis 550 DM (1958: 19,7 vH; 1959: 18,6 vH). Da die Gruppe der weniger als 500 DM verdienenden Haushalte im Jahre 1959 gegenüber 1955 ganz beträchtlich — von 56 vH auf 36 vH — zurückging, konnten alle höheren Einkommensklassen ihren Anteil beträchtlich vergrößern; mehr als zwei Fünftel aller Haushalte erzielten Einkommen zwischen 500 und 1000 DM, mehr als 1000 DM bezogen im Jahre 1957: 17,3 vH, 1958:

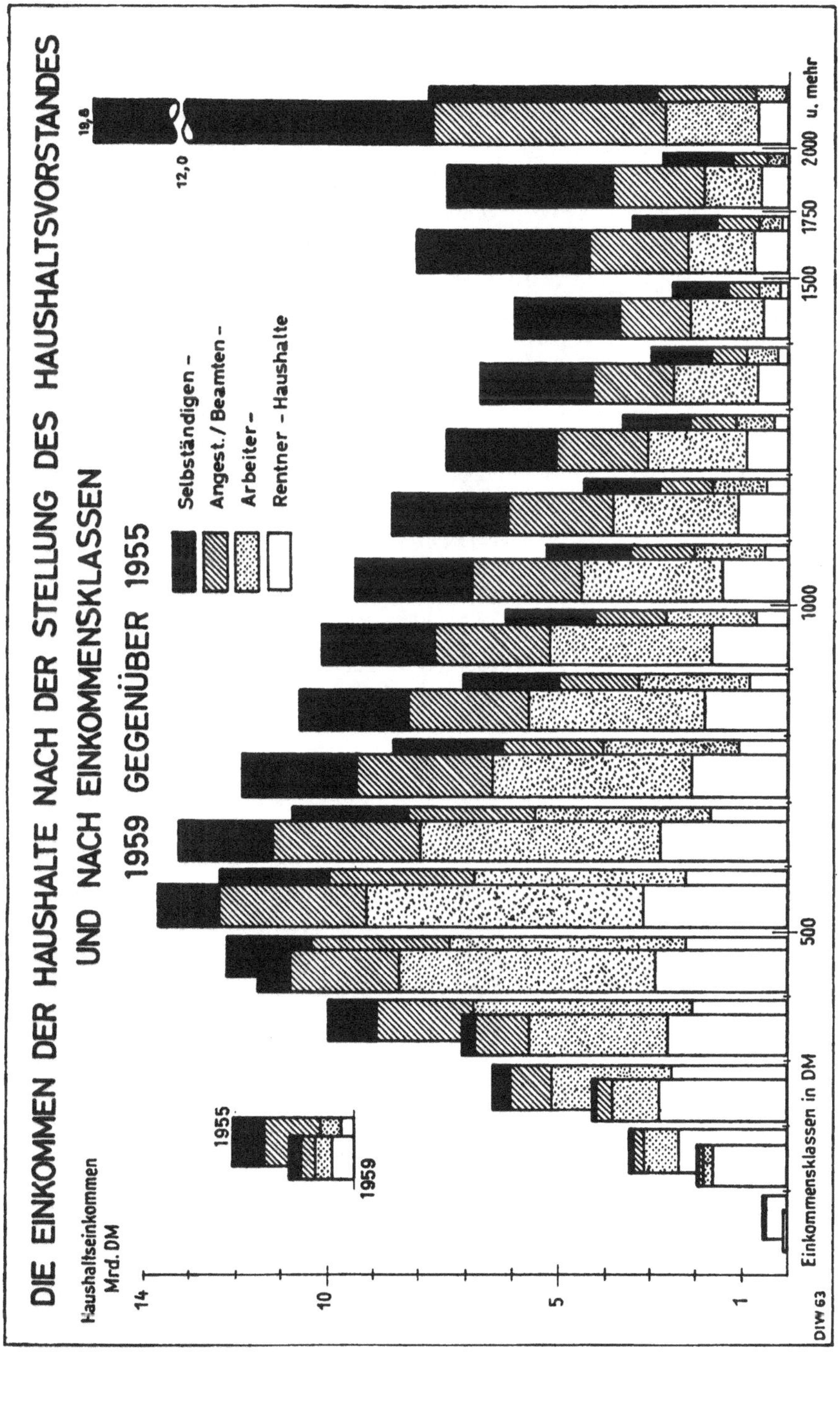
DIE EINKOMMEN DER HAUSHALTE NACH DER STELLUNG DES HAUSHALTSVORSTANDES
UND NACH EINKOMMENSKLASSEN
1959 GEGENÜBER 1955
Selbständigen -
Angest./Beamten -
Arbeiter -
Rentner - Haushalte
Haushaltseinkommen
Mrd. DM
14
10
5
1
1955
1959
19,8
12,0
Einkommensklassen in DM
500
1000
1500
1750
2000
2000 u. mehr
DIW 63

19,6 vH und schließlich 1959: 22,3 vH der gesamten Haushalte. Fast die Hälfte der verfügbaren Einkommen floß 1959 den über 1000 DM verdienenden Haushalten zu. Dabei hat zwischen 1955 und 1959 die Zahl der Haushalte um 855 000 und das verfügbare Gesamteinkommen um 48 Mrd. DM zugenommen. Dies führte zu der bereits angedeuteten Aufwärtsverlagerung der Einkom-

Die Haushalte nach der Stellung des Haushaltsvorstandes und nach zusammengefaßten Einkommensklassen
Anteile in vH

Monatliches Haushaltseinkommen in DM	1955	1957	1958	1959
Selbständiger				
unter 250	3,2	1,4	1,0	0,5
250 — 500	23,1	15,7	10,4	6,9
500 — 750	29,0	25,5	24,0	21,4
750 — 1 000	17,6	18,9	20,1	20,5
1 000 — 1 500	18,2	24,2	27,2	29,6
1 500 — 2 000	5,8	8,7	10,3	12,6
2 000 und mehr	3,1	5,6	7,0	8,5
Angestellter/Beamter				
unter 250	6,9	3,4	2,5	2,0
250 — 500	37,1	28,1	25,1	22,0
500 — 750	29,3	30,3	30,5	30,2
750 — 1 000	12,5	15,7	16,7	17,7
1 000 — 1 500	10,4	15,7	17,6	19,3
1 500 — 2 000	2,5	4,2	4,8	5,5
2 000 und mehr	1,3	2,6	2,8	3,3
Arbeiter				
unter 250	14,0	6,6	4,9	3,6
250 — 500	44,7	39,9	36,8	33,0
500 — 750	24,2	28,4	29,8	31,4
750 — 1 000	9,9	12,8	14,2	15,5
1 000 — 1 500	6,1	10,3	11,7	13,4
1 500 — 2 000	0,8	1,5	1,9	2,3
2 000 und mehr	0,3	0,5	0,7	0,8
Rentner				
unter 250	50,7	36,8	33,0	29,8
250 — 500	27,8	31,3	31,6	32,4
500 — 750	13,9	18,0	19,2	20,0
750 — 1 000	4,5	7,6	8,5	9,1
1 000 — 1 500	2,8	5,2	6,2	6,9
1 500 — 2 000	0,3	0,9	1,2	1,4
2 000 und mehr	0,0	0,2	0,3	0,4
Haushalte, gesamt				
unter 250	20,9	13,5	11,7	10,2
250 — 500	34,7	30,9	28,6	26,2
500 — 750	23,1	25,3	26,0	26,4
750 — 1 000	10,3	13,0	14,1	14,9
1 000 — 1 500	8,2	12,5	13,8	15,4
1 500 — 2 000	1,9	3,1	3,7	4,4
2 000 und mehr	0,9	1,7	2,1	2,5

mensschichtung, d. h. zu einer schwächeren Besetzung der unteren und zu einer größeren Häufigkeit in den höheren Einkommensklassen. So nahm 1959 gegenüber 1955 die Zahl der Haushalte mit einem monatlichen Einkommen bis 450 DM um mehr als 2,8 Mill. und das verfügbare Einkommen in diesem Bereich um 7,8 Mrd. DM ab. Dagegen erhöhten sich die Zahlen der oberhalb dieser Einkommensgrenze einzuordnenden Haushalte um 3,7 Mill. und das Einkommen um fast 56 Mrd. DM.

Typisches Kennzeichen dieser Aufwärtsverlagerung der Einkommen ist, daß in den unteren Bereichen der Rückgang der „Besetzungsdichte" von Einkommensklasse zu Einkommensklasse sich allmählich abschwächt, in den höheren Bereichen dagegen die relative Zunahme stärker zu werden pflegt. So nahm beispielsweise 1959 gegenüber 1955 die Zahl der Haushalte, die weniger als 100 DM verdienten, um mehr als neun Zehntel, im Bereich zwischen 200 und 300 DM um ein Drittel und schließlich im Bereich von 400 bis 450 DM nur noch um ein Zehntel ab. Andererseits erhöhte sich die Zahl der Haushalte mit Einkommen zwischen 500 und 600 DM um ein Zehntel, zwischen 1000 und 1100 DM um etwa 80 vH, während die Zahl der Haushalte mit 2000 DM übersteigendem Einkommen sogar auf fast das Dreifache stieg.

b) Schichtung nach der Zahl der Einkommensbezieher

Wie nach den bereits angegebenen Daten für die Durchschnittseinkommen zu erwarten war, gibt die nach der Zahl der Einkommensbezieher gegliederte Schichtung ein außerordentlich unterschiedliches Bild der Verteilung auf die einzelnen Einkommensklassen. Es zeigt sich hier, daß die aus der persönlichen Einkommensverteilung abgeleitete Vorstellung, die ja vor allem auf den überwiegend von den Tätigkeits- und Qualifikationsmerkmalen abhängigen Einkommensunterschieden beruht, in zahlreichen Fällen durch die in den Mehr-Verdiener-Haushalten wirkende Einkommenskumulation korrigiert wird. Da bei relativ geringem Einkommen des Haushaltsvorstandes die Notwendigkeit des „Mitverdienens" größer ist als bei höherem Einkommen des Hauptverdieners, zeigt sich insgesamt eine — wenn auch begrenzte — Tendenz zur Nivellierung und Anpassung. Dabei dehnt sich jedoch die Spannweite zwischen niedrigstem und höchstem Haushaltseinkommen erheblich aus. Als weiteres Ergebnis ist festzuhalten, daß durch die Einkommenskumulation die materielle Versorgungslage der davon betroffenen Haushalte, verglichen mit Haushalten, die lediglich auf den Verdienst des Haushaltsvorstandes angewiesen sind, im allgemeinen erheblich verbessert wird.

Die Durchschnittseinkommen je Haushalt — geordnet nach der Zahl der Einkommensbezieher — waren im Jahre 1959 außerordentlich unterschiedlich und beliefen sich für Haushalte mit einem Verdiener auf 6865 DM jährlich, mit zwei Verdienern auf 10 430 DM und schließlich auf 16 250 DM für Haushalte mit drei und mehr Einkommensbeziehern. Die starke Differenzierung ergibt sich vor allem aus der Abhängigkeit der Zahl der Einkommensbezieher von der Größe des jeweiligen Haushaltes. Die Differenzierung der Durchschnittseinkommen je Haushalts*angehörigen* ist daher auch wesentlich schwächer ausgeprägt (1959: 2685 DM für Haushalte mit einem, 3410 bzw. 3510 DM für Haushalte mit mehreren Verdienern) und weist zwischen den beiden Mehr-Verdiener-Gruppen kaum noch einen Unterschied auf.

Ein sehr unterschiedliches Bild ergibt sich für die Verteilung auf die am stärksten besetzten Einkommensklassen. Bei den Haushalten mit einem Einkommensbezieher konnte 1955 die dichteste Besetzung bei monatlichen Einkommen zwischen 150 und 300 DM mit einem Anteil von 28 vH festgestellt werden, während im Einkommensbereich bis 500 DM bereits fast drei Viertel aller Haushalte erfaßt wurden. In den mittleren Einkommensbereichen war 1955 ein Fünftel der Haushalte mit Einkommen zwischen 500 und 1000 DM eingeordnet, und lediglich jeder zwanzigste Haushalt dieser Gruppe verdiente mehr als 1000 DM.

Im gleichen Jahre sind in den Haushalten mit „Doppelverdienern" die Einkommensklassen zwischen 400 und 550 DM mit einem Anteil von 29 vH am stärksten vertreten gewesen. Hier wies bereits fast die Hälfte dieser Gruppe Einkommen zwischen 500 und 1000 DM und jeder zehnte Haushalt Einkommen von mehr als 1000 DM auf. Noch deutlicher tritt die durchschnitt-

Die Haushalte nach Einkommensbeziehern und nach zusammengefaßten Einkommensklassen
Anteile in vH

Monatliches Haushaltseinkommen in DM	Zahl der Einkommensbezieher							
	1955	1957	1958	1959	1955	1957	1958	1959
	1 Eink.-bezieher				2 Eink.-bezieher			
unter 250	33,4	22,9	19,8	17,4	3,9	0,6	0,1	0,0
250 — 500	40,7	41,1	39,4	37,6	38,1	25,9	20,7	16,2
500 — 750	16,4	22,0	24,0	25,8	35,0	33,3	39,1	38,3
750 — 1 000	4,6	6,5	7,6	8,8	11,9	17,0	18,9	21,0
1 000 — 1 500	3,5	5,2	6,4	6,9	8,5	13,4	15,4	17,7
1 500 — 2 000	0,9	1,5	1,8	2,2	1,7	2,9	3,5	4,2
2 000 und mehr	0,5	0,8	1,0	1,3	0,9	1,9	2,3	2,6
	3 u. mehr Eink.-bezieher				Haushalte, gesamt			
unter 250	0,1	.	.	.	20,9	13,5	11,7	10,2
250 — 500	4,2	0,3	0,1	0,1	34,7	30,9	28,6	26,2
500 — 750	30,3	16,6	11,4	7,6	23,1	25,3	26,0	26,4
750 — 1 000	30,5	31,1	30,4	28,1	10,3	13,0	14,1	14,9
1 000 — 1 500	26,5	37,6	41,1	44,1	8,2	12,5	13,8	15,4
1 500 — 2 000	5,7	9,5	11,1	13,0	1,9	3,1	3,7	4,4
2 000 und mehr	2,7	4,9	5,9	7,1	0,9	1,7	2,1	2,5

liche Einkommensverteilung gegenüber der erstgenannten Gruppe bei den Haushalten mit mindestens drei Einkommensbeziehern hervor. Hier lag 1955 der häufigste Bereich zwischen 650 und 800 DM (Anteil: 22 vH). Monatliche Einkommen unter 500 DM waren nur noch ganz selten, so daß jeweils fast zwei von drei Haushalten ein Einkommen zwischen 500 und 1000 DM erreichten und jeder dritte Haushalt sich auf ein 1000 DM übersteigendes Einkommen stützen konnte.

Die Einkommensexpansion von 1955 bis 1959 hat sich in den einzelnen Haushaltsgruppen recht gleichmäßig ausgewirkt und keine erheblichen Verschiebungen in der durchschnittlichen Einkommensentwicklung hervorgerufen. Die Zahl der Mehr-Verdiener-Haushalte stieg stark an: Während die Zahl der Haushalte mit einem Einkommensbezieher von 1955 bis 1959 nur um

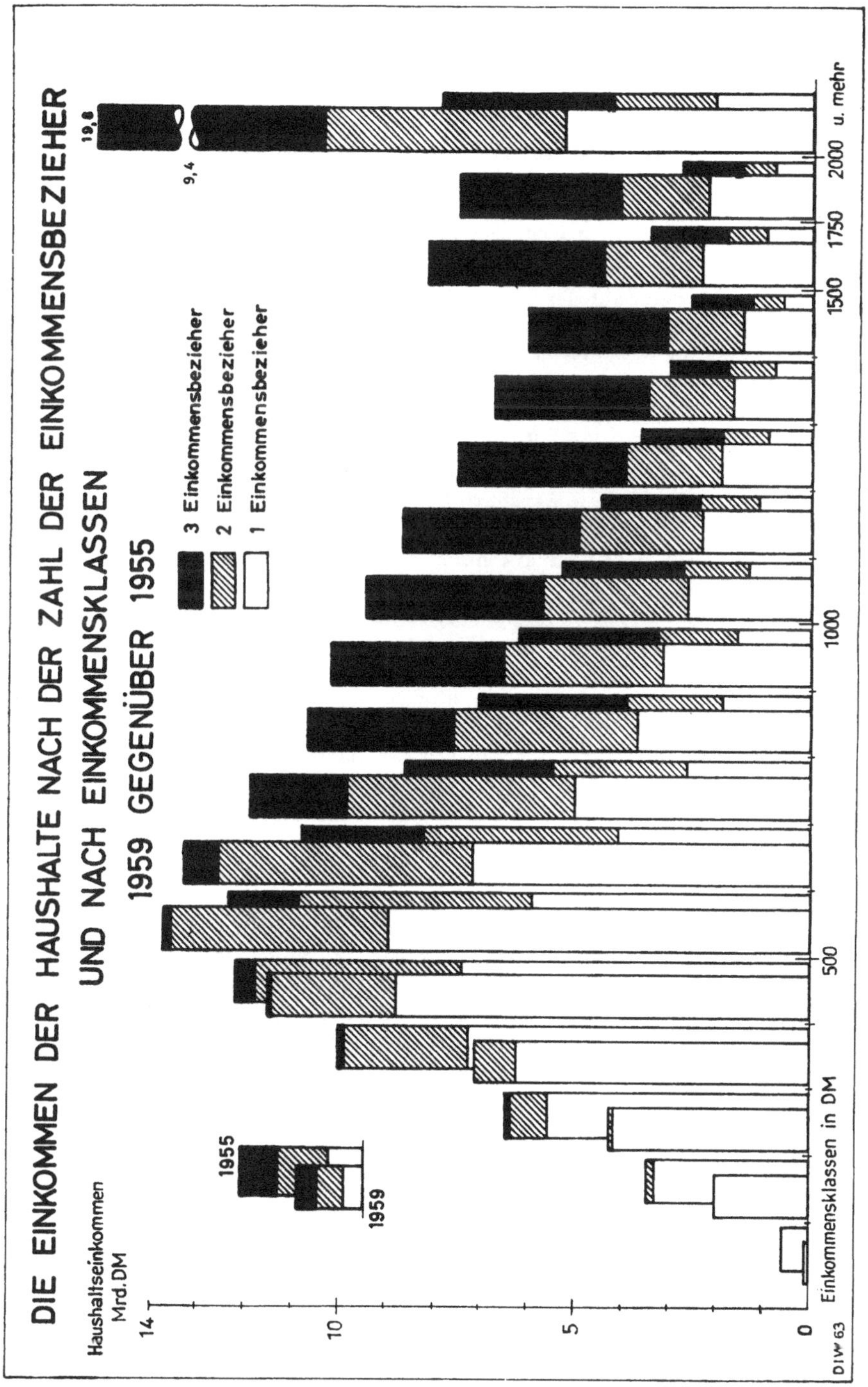
DIE EINKOMMEN DER HAUSHALTE NACH DER ZAHL DER EINKOMMENSBEZIEHER
UND NACH EINKOMMENSKLASSEN
1959 GEGENÜBER 1955
3 Einkommensbezieher
2 Einkommensbezieher
1 Einkommensbezieher
Haushaltseinkommen Mrd. DM
14
10
5
0
1955
1959
19,6
9,4
Einkommensklassen in DM
500
1000
1500
1750
2000 u. mehr
DIW 63

3,4 vH anwuchs, erhöhte sich die Zahl der Haushalte mit drei und mehr Verdienern sogar um 10,2 vH.

Die am häufigsten besetzten Bereiche hoben sich auch im Jahre 1959 klar voneinander ab: Für Haushalte mit einem Einkommensbezieher verlagerte sich der häufigste Bereich auf 350 bis 500 DM; für Haushalte mit zwei Einkommensbeziehern auf 550 bis 700 DM und schließlich für die dritte Gruppe auf 850 bis 100 DM. Mehr als 1000 DM erhielten 1959 ein Zehntel der ersten, ein Viertel der zweiten und zwei Drittel der letztgenannten Gruppe. Ein Blick auf die Veränderungen, die durch das Wachstum der Einkommen im untersuchten Zeitabschnitt hervorgerufen worden sind, zeigt einen Rückgang der Zahl der Haushalte in den unteren Einkommensklassen: Bis 400 DM Monatseinkommen für Haushalte mit alleinverdienendem Haushaltsvorstand, bis 550 DM für Haushalte mit zwei und schließlich bis 900 DM für Haushalte mit drei und mehr Einkommensbeziehern. In allen Klassen oberhalb der genannten Einkommensgrenzen erhöhte sich die Zahl der Haushalte beträchtlich: So nahm die Zahl der Haushalte mit einem Verdiener um 2,3 Mill., mit zwei Einkommensbeziehern um 1,4 Mill. und mit drei und mehr Einkommensbeziehern um 0,9 Mill. zu. Wie sehr die Verteilung auf die Einkommensklassen bei diesen drei Gruppen voneinander abweicht, ist auch daran zu erkennen, daß vom gesamten Einkommen der Klasse „2000 DM und mehr“ im Jahre 1959 je ein Viertel auf die Ein- und Zwei-Einkommensbezieher-Gruppe, etwa die Hälfte jedoch auf die dritte Gruppe entfiel, die aber an der Gesamtzahl der Haushalte nur mit 15 vH beteiligt war.

c) Schichtung nach der Größe der Haushalte

Wenn in den folgenden Ergebnissen die Abhängigkeit der Einkommensverteilung von der Größe des jeweiligen Haushaltes untersucht werden soll, so ist bei der Beurteilung nicht außer acht zu lassen, daß die bereits behandelten Determinanten — nämlich die soziale Stellung des Haushaltsvorstandes und die Zahl der Einkommensbezieher — weiter wirken. Da mit steigender Haushaltsgröße im allgemeinen auch das Haushaltseinkommen zuzunehmen pflegt, vergrößern die bereits herausgestellten Merkmale die Spannweite der Einkommen beträchtlich, die Einkommen je Haushalts*angehörigen* fallen jedoch. So stieg im Jahre 1959 das durchschnittliche Einkommen je Haushalt mit zunehmender Personenzahl von 4700 DM für Einzel-Haushalte, auf 9600 DM für 3-Personen-Haushalte, schließlich auf 14 500 DM für Haushalte mit fünf und mehr Personen. Umgekehrt waren jedoch die Durchschnittseinkommen je Haushalts*angehörigen* im Jahre 1959 in den größeren Haushalten geringer: 4700 DM in den Einzel-Haushalten standen 3200 DM in den 3-Personen-Haushalten und schließlich 2500 DM in der nach der Personenzahl stärksten Gruppe gegenüber. Wie aus diesen Je-Kopf-Relationen eindeutig zu entnehmen ist, haben die größeren Familien in der Regel einen niedrigeren Lebensstandard, wenn auch nicht in dem Maße, wie es diese Zahlen zum Ausdruck bringen, da in diesen Haushalten zumeist eine bessere Ausnutzung und billigere Inanspruchnahme bestimmter Waren und Dienstleistungen möglich sind. Daher würde eine Umrechnung auf „Vollpersonen“ für die Groß-Haushalte zu günstigeren Relationen führen.

Zur Einkommensschichtung nach der Haushaltsgröße ist zunächst generell festzustellen, daß die am stärksten besetzten Einkommensklassen mit steigender Personenzahl sich recht deutlich auf die jeweils höheren Bereiche verlagern, wobei der Anteil der im häufigsten Bereich erfaßten Haushalte stetig zurückgeht. So lagen im Jahre 1955 die Schwerpunkte der Einkommensbesetzung bei den Einzel-Haushalten in den drei unteren Klassen bis 200 DM,

Die Haushalte nach der Haushaltsgröße und nach zusammengefaßten Einkommensklassen
Anteile in vH

Monatliches Haushaltseinkommen in DM	1955	1957	1958	1959
1-Personen-Haushalte				
unter 250	58,2	44,2	39,9	36,2
250 — 500	29,5	36,6	37,8	39,2
500 — 750	8,9	13,3	15,2	16,5
750 — 1 000	2,0	3,1	3,7	4,2
1 000 — 1 500	1,1	2,1	2,5	2,9
1 500 — 2 000	0,2	0,5	0,6	0,7
2 000 und mehr	0,1	0,2	0,3	0,3
2-Personen-Haushalte				
unter 250	26,3	16,6	13,8	12,1
250 — 500	41,4	39,1	36,7	34,4
500 — 750	20,8	26,3	28,3	29,6
750 — 1 000	6,1	9,1	10,4	11,8
1 000 — 1 500	4,2	6,7	8,1	8,9
1 500 — 2 000	0,8	1,4	1,7	2,0
2 000 und mehr	0,4	0,8	1,0	1,2
3-Personen-Haushalte				
unter 250	10,3	4,5	3,4	2,4
250 — 500	40,3	32,5	28,6	25,2
500 — 750	28,1	31,4	32,0	32,2
750 — 1 000	11,1	15,2	16,9	18,2
1 000 — 1 500	7,9	12,3	14,1	16,0
1 500 — 2 000	1,5	2,6	3,2	3,9
2 000 und mehr	0,8	1,5	1,8	2,1
4-Personen-Haushalte				
unter 250	6,3	2,3	1,3	0,7
250 — 500	33,5	25,7	22,0	18,4
500 — 750	29,4	29,0	28,5	28,2
750 — 1 000	15,2	18,5	19,7	20,5
1 000 — 1 500	11,7	17,9	20,5	22,5
1 500 — 2 000	2,6	4,3	5,1	6,3
2 000 und mehr	1,3	2,3	2,9	3,4
5- und mehr-Personen-Haushalte				
unter 250	2,1	0,6	0,2	0,1
250 — 500	22,5	14,9	11,3	8,3
500 — 750	29,0	24,5	22,8	20,7
750 — 1 000	19,9	20,7	21,5	21,2
1 000 — 1 500	19,0	26,8	29,2	31,8
1 500 — 2 000	5,0	8,1	9,6	11,3
2 000 und mehr	2,5	4,4	5,4	6,6

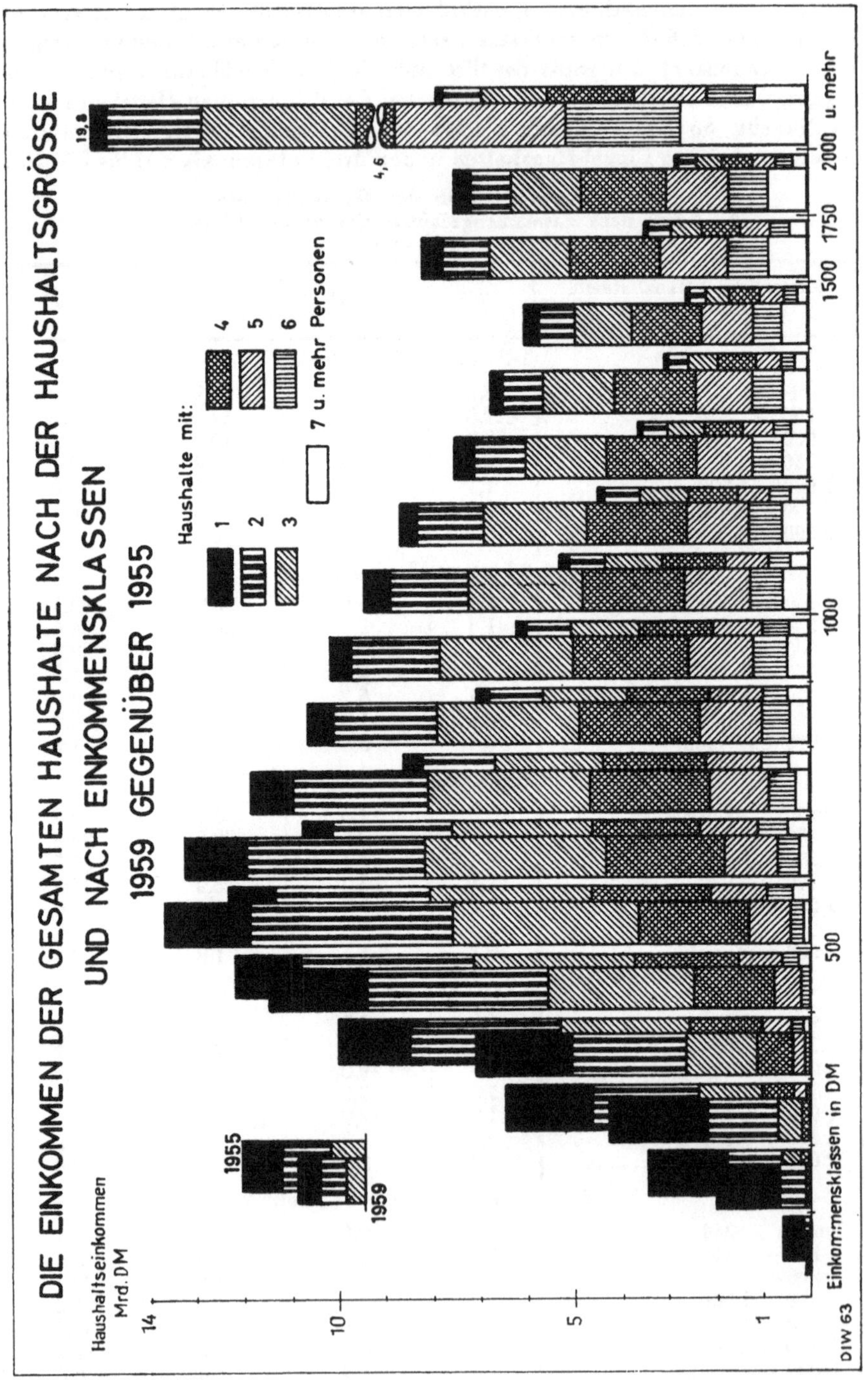
DIE EINKOMMEN DER GESAMTEN HAUSHALTE NACH DER HAUSHALTSGRÖSSE
UND NACH EINKOMMENSKLASSEN
1959 GEGENÜBER 1955
Haushaltseinkommen
Mrd. DM
14
10
5
1
1955
1959
Haushalte mit:
1
2
3
4
5
6
7 u. mehr Personen
19,8
4,6
Einkommensklassen in DM
500
1000
1500
1750
2000
u. mehr
DIW 63

jedoch mit einem außerordentlich hohen Anteil von 47 vH; bei 3- und 4-Personen-Haushalten zwischen 350 und 500 DM (Anteil: 26 bzw. 23 vH); schließlich bei den beiden der Personenzahl nach größten Gruppen zwischen 500 und 650 DM bzw. 550 und 700 DM (Anteil: 19 bzw. 17 vH). Ebenso starke Unterschiede weist die Besetzung der höheren Einkommensklassen auf. So verdienten 1955 lediglich 1 vH der Einzel-Haushalte mehr als 1000 DM, während diese Grenze von einem Viertel der Haushalte mit fünf und mehr Personen überschritten wurde.

Von der durchschnittlichen Einkommensentwicklung von 1955 bis 1959 wichen die Steigerungsraten der Je-Kopf-Einkommen der einzelnen, nach der Haushaltsgröße geordneten, Gruppen nur wenig ab, so daß die Relationen der einzelnen Größenklassen zueinander nur wenig verändert wurden. Wegen der besonders stark gestiegenen Renteneinkommen haben die 1- und 2-Personen-Haushalte den durchschnittlichen Gesamtzuwachs leicht überschritten; dies traf ebenfalls für die Groß-Haushalte mit fünf und mehr Personen zu, bei denen sich die überdurchschnittliche Zunahme der weiteren Einkommensbezieher am stärksten ausgewirkt hat. Die am dichtesten besetzten Einkommensbereiche haben sich bei den einzelnen, der Größe nach geordneten, Gruppen um 100 bis 400 DM auf der Einkommensskala aufwärts verlagert: Einzel-Haushalte auf 150 bis 300 DM (Anteil: 35 vH), 4-Personen-Haushalte auf 450 bis 600 DM (Anteil: 18 vH) und die zahlenmäßig größte Haushaltsgruppe mit sieben und mehr Personen auf 950 bis 1100 DM mit dem geringsten „Schwerpunktsanteil" von nur noch 13 vH.

Wie sehr sich die allgemeine Einkommenslage in den untersuchten Jahren gebessert hat, zeigen auch die folgenden Relationen deutlich. Auf ein 1000 DM übersteigendes Monatseinkommen entfielen 1959 4 vH der Einzel-Haushalte, fast ein Drittel der Haushalte mit vier Personen und schließlich nahezu zwei Drittel der Haushalte mit sieben und mehr Personen. Die durch die Einkommensexpansion bedingte Aufwärtsverlagerung führte andererseits auch zu einem absoluten Rückgang in der Besetzung der unteren Einkommensklassen: Bei den Einzel-Haushalten begrenzt bis 200 DM, den 3-Personen-Haushalten bis 500 DM, den 5-Personen-Haushalten bis 700 DM und schließlich bei den Haushalten mit sieben und mehr Personen sogar bis 900 DM.

Einkommensschichtung der Selbständigen-Haushalte

a) Gesamtübersicht

Die Schichtung der Haushaltseinkommen der Selbständigen weist — im Gegensatz zu den noch zu untersuchenden Haushalten der Arbeitnehmer und Rentner — keinen eindeutig erkennbaren und abgegrenzten Schwerpunktsbereich auf, es ist daher auch keine starke Häufung der Haushalte in einigen wenigen Einkommensklassen festzustellen. Die Einkommensunterschiede sind im Vergleich zu den anderen sozialen Gruppen wesentlich stärker. Dabei ist von Belang, daß die Höhe der Selbständigen-Einkommen neben den bereits eingangs genannten Gründen auch weitgehend von der Art des ausgeübten

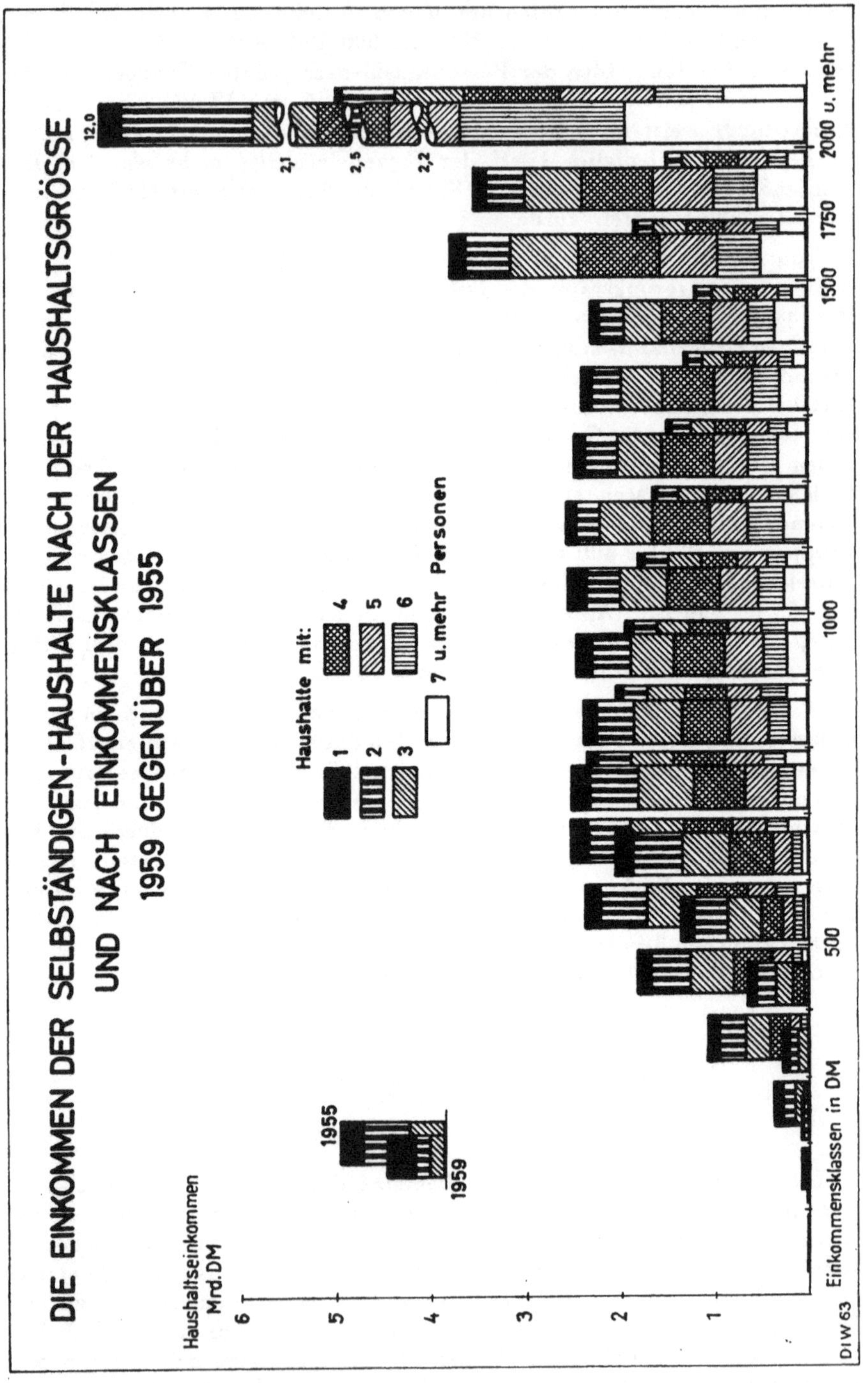
DIE EINKOMMEN DER SELBSTÄNDIGEN-HAUSHALTE NACH DER HAUSHALTSGRÖSSE
UND NACH EINKOMMENSKLASSEN
1959 GEGENÜBER 1955
Haushaltseinkommen
Mrd. DM
6
5
4
3
2
1
1955
1959
Haushalte mit:
1
2
3
4
5
6
7 u. mehr Personen
12,0
2,1
2,5
2,2
500
1000
1500
1750
2000 u. mehr
Einkommensklassen in DM
DIW 63

Berufes bzw. Gewerbes der einzelnen Selbständigen abhängig ist. Die unterschiedliche Tätigkeit der Selbständigen kommt in zahlreichen Typen und Marktformen zum Ausdruck, wie sie in dieser Fülle die anderen Haushaltsgruppen nicht aufweisen. Ein buntes Strukturbild führt vom „Arbeiter auf eigene Rechnung", dem Landwirt mit nur geringem Bodenbesitz, dem Kleingewerbetreibenden und mittleren Handwerker, dem frei beruflich Schaffenden, dem selbständigen Akademiker und dem mittleren Unternehmer mit einer relativ begrenzten Zahl zusätzlicher Arbeitskräfte bis hin zum kapitalintensiven Großunternehmen mit marktbeherrschenden Einflüssen. Hinzu kommt, daß auch bei ähnlicher Struktur oder bei gleichen Umsätzen die Gewinne der Selbständigen erheblich streuen. Das Schichtungsbild der Einkommen der Selbständigen-Haushalte ist infolgedessen stark differenziert. In diesem Zusammenhang sei noch erwähnt, daß in den unteren Einkommensbereichen die Haushalte der Landwirte und der „Selbständigen ohne weitere Beschäftigte" vorherrschen. Diese Kategorie umfaßt allein mehr als ein Drittel der Selbständigen-Haushalte. An dieser Stelle sei darauf hingewiesen, daß die Einkommen der Landwirte — vor allem im Naturalverbrauch — unterbewertet sind.

Das Schichtungsbild der 2,8 Mill. Selbständigen-Haushalte ergibt im Jahr 1955 für die Klassen zwischen 450 und 600 DM die stärkste Besetzung, diese ist dennoch mit einem Anteil von nur 19 vH im Querschnitt-Vergleich gering. Daher nimmt auch mit weiter steigendem Einkommen die „Besetzungsdichte" wesentlich langsamer und schwächer als in den anderen Haushaltsgruppen ab. So hat 1955 mehr als ein Viertel aller Selbständigen-Haushalte ein monatliches Einkommen von mindestens 1000 DM erreicht, während im Durchschnitt aller Haushalte lediglich ein Zehntel und im einzelnen 14 vH der Angestellten-Haushalte, 7 vH der Arbeiter- und nur 3 vH der Rentner-Haushalte die genannte Einkommensgrenze überschritten haben. Stellt man den Vergleich auf die mehr als 1500 DM verdienenden Haushalte ab, so wird der relative Abstand zu den anderen Gruppen noch wesentlich deutlicher: 9 vH der Selbständigen-, 4 vH der Angestellten-, 1 vH der Arbeiter- und 0,3 vH der Rentner-Haushalte.

Die Verteilung des den Selbständigen-Haushalten zufließenden Einkommens — im Jahre 1955 rd. 30,5 Mrd. DM — weist erheblich andere Relationen auf: Die Hälfte der Selbständigen-Einkommen entfiel auf ein Viertel der Selbständigen-Haushalte, und die über 2000 DM verdienenden Haushalte konnten allein ein Sechstel des Selbständigen-Einkommens für sich beanspruchen. Mehr noch als in den anderen Haushaltsgruppen hat in den Selbständigen-Haushalten die Einkommensentwicklung von 1955 bis 1959 bei der überaus starken Zunahme der Durchschnittseinkommen zu Veränderungen geführt. Die durchschnittliche Einkommensexpansion war auch deswegen sehr ausgeprägt, weil — per Saldo — die Zahl der Selbständigen-Haushalte in den untersuchten Jahren kaum noch angestiegen ist und daher die Mehreinkommen fast ausschließlich den bereits 1955 vorhandenen Haushalten zugute gekommen sind.

Infolgedessen haben sich in der Schichtung der Selbständigen-Haushalte ganz erhebliche Verschiebungen ergeben. In den am dichtesten besetzten Einkommensklassen — 1959 zwischen 650 und 800 DM — waren nur 15 vH der Selbständigen-Haushalte eingeordnet. Andererseits nahm der Anteil der überdurchschnittliche Einnahmen beziehenden Haushalte besonders stark zu, so daß 1959 jeder zweite Haushalt mehr als 1000 DM verdiente.

Untersucht man die Verteilungsstruktur von 1959 auf ihre absoluten Veränderungen gegenüber 1955, so ist in den Klassen bis 700 DM die Zahl der dort zusammengefaßten Haushalte um 745 000 und das unterhalb dieser Grenze zuzuordnende Einkommen um 3,8 Mrd. DM zurückgegangen, in den darüber befindlichen Einkommensbereichen ist jedoch die Zahl der Haushalte um 765 000 und das gesamte Einkommen um fast 17 Mrd. DM gestiegen. Dabei nahm die Zahl der 2000 DM und mehr verdienenden Haushalte auf fast das Dreifache zu.

b) Schichtung nach der Zahl der Einkommensbezieher

Wie bereits einleitend erwähnt, sind die familieneigenen Arbeitskräfte, die ja fast ausschließlich den Selbständigen-Haushalten angehören, in dieser Untersuchung nicht den Einkommensbeziehern zugerechnet worden. Daher muß definitionsgemäß der Anteil der Mehr-Verdiener-Haushalte vergleichsweise niedrig sein. Nach den vorliegenden Ergebnissen haben fast zwei Drittel der Selbständigen-Haushalte einen Verdiener und 600 000 (21 vH) bzw. 500 000 (16 vH) zwei bzw. drei oder mehr Einkommensbezieher.

Besonders charakteristisch ist für die Einkommensverteilung der Selbständigen-Haushalte, daß das Einkommen des Haushaltsvorstandes in der Regel wesentlich stärker über den Durchschnittseinkommen der weiteren Einkommensbezieher liegt, als dies bei anderen Haushaltsgruppen der Fall ist. Dieser Tatbestand ist ausschlaggebend dafür, daß die 1-Verdiener-Haushalte im durchschnittlichen Einkommensniveau zwar hinter den Mehr-Verdiener-Haushalten zurückbleiben, aber doch mit wesentlich geringerem Abstand als in den anderen Haushaltsgruppen. So betrugen 1959 die Durchschnittseinkommen der Einzel-Verdiener-Haushalte 12 930 DM, während sich die entsprechenden Beträge der Mehr-Verdiener-Haushalte auf 16 580 bzw. 22 690 DM beliefen.

Bei den Haushalten mit einem Einkommensbezieher war 1955 die größte Häufigkeit im Bereich zwischen 400 und 550 DM mit einem Anteil von 22 vH festzustellen. Dieser Bereich verlagerte sich 1959 auf 600 bis 750 DM (Anteil: 18 vH). Die Selbständigen-Haushalte mit zwei Einkommensbeziehern hatten dagegen 1955 ihren Schwerpunkt im Einkommensbereich zwischen 500 und 650 DM, der sich bis 1959 auf 650 bis 800 DM verschob. Dagegen war die größere Mehr-Verdiener-Gruppe im Jahre 1955 relativ am stärksten im Einkommensbereich 750 bis 900 DM (Anteil: 21 vH) vertreten; bis 1959 verlagerte sich dieser Schwerpunkt auf 1000 bis 1150 DM.

c) Schichtung nach der Größe der Haushalte

Die Gliederung der Selbständigen-Haushalte nach der Personenzahl zeigt für die Durchschnittseinkommen der Einzel-Haushalte einerseits und der 7- und Mehr-Personen-Haushalte andererseits zwar die zu erwartenden erheblichen Unterschiede; diese sind jedoch geringer als in den anderen Gruppen, da das Einkommen des Haushaltsvorstandes einen besonders hohen Anteil zum jeweiligen Haushaltseinkommen beisteuert und die durch weitere Einkommensbezieher bewirkte Kumulation bei den Selbständigen vergleichsweise schwächer ausgeprägt ist.

Bei einem durchschnittlichen Anteil der Selbständigen-Gruppe an allen Haushalten von 17 vH in den untersuchten Jahren betrug der entsprechende Anteil an allen Einzel-Haushalten nur 6 vH und lag auch bei den 3-Personen-Haushalten mit 15 vH noch unter dem Gesamtdurchschnitt. Er erhöhte sich jedoch mit zunehmender Personenzahl sprunghaft und erfaßte nahezu die Hälfte aller Haushalte mit sieben und mehr Personen. Von der Gesamtzahl der Selbständigen-Haushalte gehörte ein Drittel der Gruppe mit fünf und mehr Personen an, während es im Durchschnitt aller Haushalte lediglich 16 vH Groß-Haushalte gab.

Bei den Einkommen der Einzel-Haushalte lag der häufigste Bereich im Jahre 1955 zwischen 350 und 500 DM monatlich, bei den 4-Personen-Haushalten zwischen 450 und 600 DM und umschloß den Einkommensbereich zwischen 550 und 700 DM bei den nach der Kopfzahl größten Haushalten. Der im Schwerpunkt erfaßte jeweilige Anteil ging dagegen von 21 vH bei den Einzel-Haushalten auf 17 vH bei den größeren Haushalten zurück. Eine entsprechende Einkommensabhängigkeit war zwischen Personenzahl und den in der höchsten Einkommensklasse erfaßten Haushalten festzustellen: Lediglich 1 vH der Einzel-Haushalte, dagegen 3 vH der 4-Personen-Haushalte und 5 vH der 7- und Mehr-Personen-Haushalte hatten Einkommen von 2000 DM und mehr.

Als Folge der beträchtlichen Zunahme der Selbständigen-Einkommen veränderte sich auch das Strukturbild der nach der Personenzahl gegliederten Haushalte erheblich, wobei die kleineren Haushalte, bei denen der von einer selbständigen Tätigkeit herrührende Einkommensanteil im allgemeinen größer ist, stärker von der Expansion profitiert haben. So war 1959 die dichteste Besetzung bei den Einzel-Haushalten zwischen 550 und 700 DM anzutreffen, während sich der Schwerpunkt für die der Personenzahl nach stärksten Gruppe auf die Einkommensklassen von 1000 bis 1150 DM verschob. Auch hier ist eine beträchtliche „Verdünnung" des häufigsten Bereichs festzustellen, wobei sich die entsprechenden Anteile der nach der Personenzahl geordneten Haushalte um 2 bis 5 Punkte im Verlauf der untersuchten Jahre reduziert haben.

Einkommensschichtung der Angestellten- und Beamten-Haushalte

a) Gesamtübersicht

Im Gegensatz zur Schichtung der Selbständigen-Einkommen zeigt die Struktur der Arbeitnehmer-Einkommen das Bild einer relativ einheitlichen und hinsichtlich der Streuung der Einkommen enger begrenzten sowie in den mittleren Bereichen dichter besetzten Gruppe. Jedoch weisen die Einkommen der Angestellten und Beamten nicht nur ein im Durchschnitt höheres Niveau als die der Arbeiter-Haushalte auf, sondern sind auch infolge der mannigfaltigeren Qualifikationsmerkmale der jeweiligen beruflichen Tätigkeit in ihrem Streuungsbild stärker differenziert als die Einkommen der Lohn-

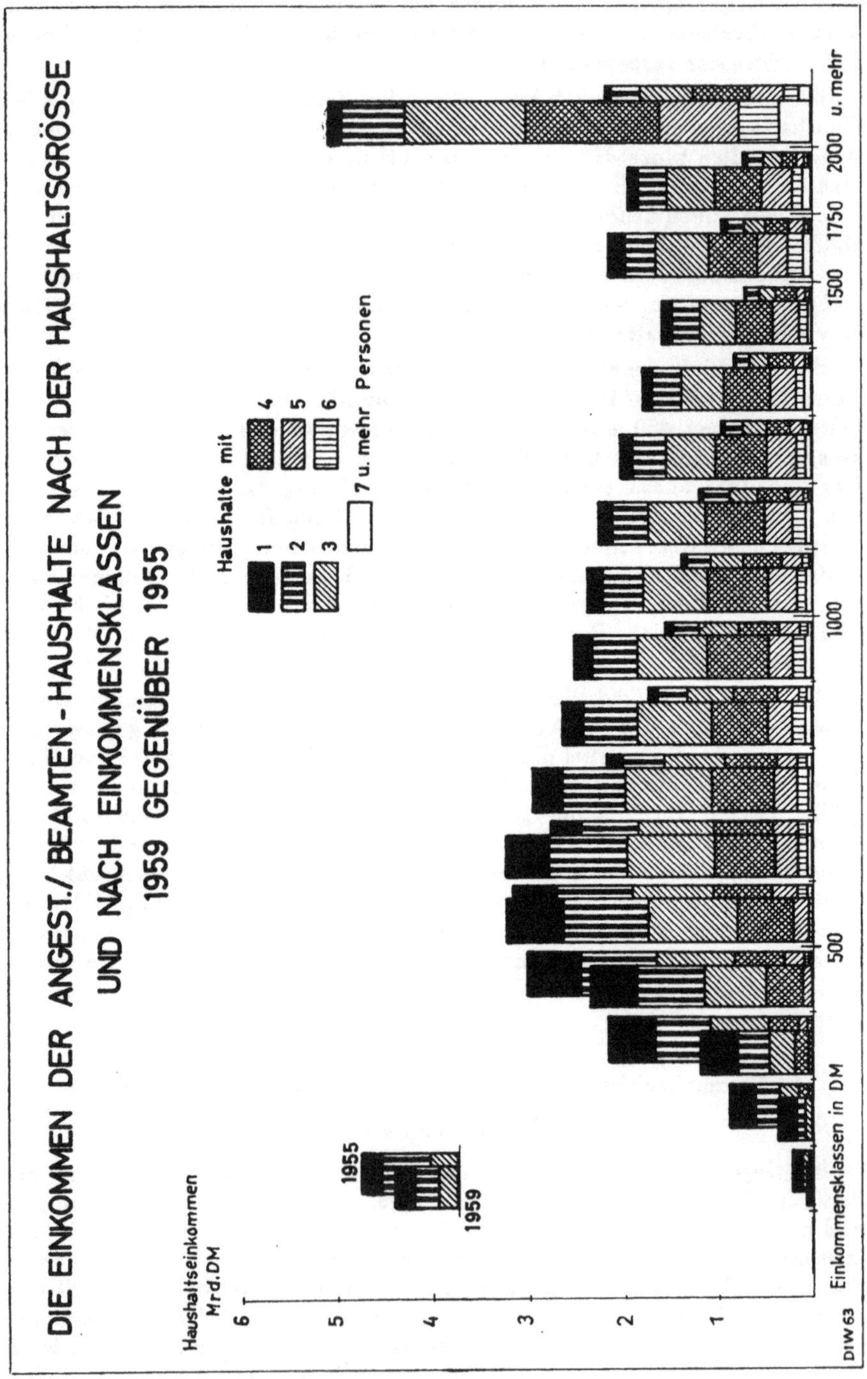
DIE EINKOMMEN DER ANGEST./BEAMTEN-HAUSHALTE NACH DER HAUSHALTSGRÖSSE
UND NACH EINKOMMENSKLASSEN
1959 GEGENÜBER 1955
Haushaltseinkommen Mrd.DM
6
5
4
3
2
1
1955
1959
Haushalte mit
1
2
3
4
5
6
7 u. mehr Personen
Einkommensklassen in DM
500
1000
1500
1750
2000
u. mehr
DIW 63

empfänger. Lediglich die häufigere Einkommenskumulation durch weitere Einkommensbezieher in den Arbeiter-Haushalten schwächt diese Unterschiede ab.

Im häufigsten Bereich waren 1955 die Einkommensklassen zwischen 350 und 500 DM monatlichem Einkommen mit jedem vierten der insgesamt 3,3 Mill. Angestellten- und Beamten-Haushalte — im folgenden kurz „Angestellten-Haushalte" genannt — besetzt. Die „Besetzungsdichte" geht mit weiter steigendem Einkommen bis etwa 800 DM allmählich zurück, jenseits dieser Grenze nimmt der Anteil der überdurchschnittlich verdienenden Haushalte jedoch beschleunigt ab: In allen 1000 DM übersteigenden Einkommensklassen betrug der Anteil der Angestellten-Haushalte insgesamt 14 vH, über 1500 DM dagegen nur 4 vH und über 2000 DM nur noch etwas über 1 vH, andererseits verdiente fast die Hälfte dieser Gruppe nicht mehr als 500 DM im Monat. Von den verfügbaren Einkommen der Angestellten-Haushalte flossen dem unteren Viertel der Haushalte knapp ein Achtel zu, während andererseits die Hälfte des Einkommens von dem oberen Viertel, das monatlich 750 DM und mehr verdiente, beansprucht wurde.

Die zahlenmäßige Entwicklung der Angestellten-Haushalte in den untersuchten Jahren wurde von keiner anderen Beschäftigungsgruppe auch nur annähernd erreicht. Demgegenüber ist die durchschnittliche Verbesserung der Einkommen je Angestellten-Haushalt erheblich schwächer gewesen als bei den Selbständigen und Rentnern und hat auch die Expansion der Arbeiter-Verdienste nicht erreichen können.

Immerhin verlagerte sich der Bereich der drei am häufigsten besetzten Klassen im Jahre 1959 auf 450 bis 600 DM. Dabei ging der „häufigste" Anteil, wie auch in allen anderen hier beobachteten Fällen, auf 20,2 vH zurück. Gleichzeitig nahm der Anteil der überdurchschnittlich hohe Einnahmen erzielenden Haushalte besonders stark zu. Mehr als 1000 DM verdienten in den auf 1955 folgenden Jahren: 23 vH (1957), 25 vH (1958) und 28 vH (1959) der gesamten Angestellten-Haushalte.

Bei einer Zunahme der Zahl der Haushalte um 280 000 und der gesamten Angestellten-Einkommen um 11,3 Mrd. DM führte die Expansion und die damit verbundene Aufwärtsverlagerung zu folgenden Veränderungen: In den unteren Klassen bis 550 DM ging die Zahl der Haushalte um fast 600 000 und das hier erfaßte Einkommen um 2,3 Mrd. DM zurück, während sich in den hier anschließenden höheren Klassen das Einkommen um 13,6 Mrd. DM erhöhte. Wie unterschiedlich jedoch die Veränderungen in der Besetzung der Einkommensklassen im einzelnen waren, wird dadurch deutlich, daß — von 1955 bis 1959 — die Zahl der Haushalte, die weniger als 350 DM verdienten, um mehr als die Hälfte zurückging, dagegen die Zahl der Haushalte, die über 1200 DM verdienten, sich mehr als verdoppelte.

b) Schichtung nach der Zahl der Einkommensbezieher

1955 hatten fast zwei Drittel aller Angestellten-Haushalte nur einen Verdiener; dieser Anteil schwächte sich allerdings bis 1959 etwas ab. Auch die Zahl der Haushalte mit zwei Einkommensbeziehern war im Jahre 1955 um fast 60 vH, 1959 jedoch nur um die Hälfte höher als die der Haushalte mit drei und mehr Einkommensbeziehern.

Vom gesamten Angestellten-Einkommen entfielen 1955 rund die Hälfte und 1959 46 vH auf Haushalte, die allein auf die Verdienste des Haushaltsvorstandes angewiesen waren. Bemerkenswert ist, daß im Jahre 1959 die alleinverdienenden Haushaltsvorstände durchschnittlich um 15 vH höhere Einnahmen als die Haupteinkommensbezieher der Mehr-Verdiener-Haushalte erzielen konnten und die weiteren Einkommensbezieher — deutlich davon abgerückt — im Durchschnitt nur etwa zwei Drittel der Einnahmen der gesamten Einkommensbezieher für sich beanspruchen konnten.

Im Jahre 1955 war bei den Haushalten mit einem Einkommensbezieher die stärkste Massierung zwischen 300 und 450 DM (Anteil 32 vH) und bei den Mehr-Verdiener-Gruppen zwischen 450 und 600 DM (27 vH) bzw. 650 und 800 DM (22 vH) vorhanden. Mehr als 1000 DM verdienten 7 vH der Haushalte mit einem Einkommensbezieher und 19 bzw. 42 vH der beiden anderen Gruppen.

Die Einkommensentwicklung der einzelnen Gruppen in den weiteren Jahren war recht gleichmäßig. Ebenso deutlich wie 1955 hoben sich auch 1959 die häufigsten Bereiche der drei Gruppen voneinander ab: 450 bis 600 DM mit einem Anteil von 27 vH für die Angestellten-Haushalte mit einem Einkommensbezieher, 600 bis 750 DM mit einem Anteil von 22 vH für solche mit zwei und schließlich 900 bis 1050 DM mit 17 vH für die größte Mehr-Verdiener-Gruppe. Von den einzelnen Gruppen haben 1959 mehr als 1000 DM eingenommen: 14 vH der ersten, 36 vH der zweiten und mehr als zwei Drittel der letzten Haushaltsgruppe.

c) Schichtung nach der Größe der Haushalte

Die Gliederung der Angestellten-Haushalte nach der Personenzahl entspricht annähernd dem Gesamtdurchschnitt; weder die Klein-Haushalte (ein und zwei Personen) noch die Groß-Familien mit fünf und mehr Personen ragen besonders hervor. Die Unterschiede der Durchschnittseinkommen der nach der Größe geordneten Haushalte sind zwar erheblich stärker ausgeprägt als bei den Selbständigen-Haushalten, jedoch geringer als bei den Haushalten der Arbeiter und Rentner. Die Durchschnittseinkommen der Haushalte mit sieben und mehr Personen beliefen sich in allen untersuchten Jahren auf fast das Zweieinhalbfache der 1-Personen-Haushalte (1959 1-Personen-Haushalt: 6990 DM; 7- und Mehr-Personen-Haushalt: 17 380 DM). Vom gesamten Einkommen der Angestellten-Haushalte im Jahre 1959 entfiel mehr als ein Viertel auf die 3-Personen-Gruppe, es folgten mit einem Anteil von einem Fünftel die 4- und 2-Personen-Haushalte, während die Haushalte mit einer und fünf Personen lediglich je ein Zehntel des Gesamteinkommens für sich beanspruchten.

Im Jahre 1955 lagen die Einkommensschwerpunkte für die Einzel-Haushalte zwischen 300 und 450 DM, für 4-Personen-Haushalte zwischen 400 und 550 DM und für die Gruppe der 7- und Mehr-Personen-Haushalte — die bei den Angestellten nur recht schwach vertreten ist — zwischen 500 und 650 DM. Mehr als 1000 DM verdienten 1955 lediglich 4 vH der Einzel-Haushalte, während diese Einkommensgrenze von 30 vH der 7- und Mehr-Personen-Gruppe überschritten wurde.

Von 1955 bis 1959 hat sich die Einkommensklasse mit der stärksten Besetzung um 100 DM bei den 1- bis 4-Personen-Haushalten und 150 DM bei den Groß-Haushalten aufwärts verlagert; gleichzeitig verringerten sich die Anteilsquoten dieser häufigsten Werte um 4 bis 6 Punkte, wie auch der Anteil der mittleren Einkommensbereiche insgesamt schwächer wurde. Entsprechend stieg der Anteil der Haushalte in den hohen Einkommensklassen. So hatten 1959 jeder zehnte Einzel-Haushalt und zwei von drei Haushalten mit sieben und mehr Personen mehr als 1000 DM an monatlichem Einkommen.

Einkommensschichtung der Arbeiter-Haushalte

a) Gesamtübersicht

An der Gesamtzahl der Haushalte hat die Gruppe der Arbeiter mit über einem Drittel den größten Anteil und beeinflußt daher auch die Gesamtstruktur der Einkommensschichtung besonders stark. Allerdings nahm — angesichts des stetigen Übergangs von Arbeiter- zu Angestelltenberufen — im untersuchten Zeitabschnitt der Anteil der Arbeiter-Haushalte ab. Auf Grund der „Homogenität" der Arbeiter-Haushalte ist das Bild einer relativ gleichmäßigen Einkommensschichtung hier besonders ausgeprägt. Bei einem geringeren Durchschnittseinkommen als in den beiden bisher behandelten Gruppen ist die Einkommensdifferenzierung schwächer, die Spannweite geringer und demzufolge auch die anteilmäßige Bedeutung des häufigsten Bereichs vergleichsweise größer. Von den vier Haupttypen der Haushalte kommt die Einkommensstruktur der Arbeiter-Haushalte der durchschnittlichen Gesamtschichtung am nächsten.

1955 bezogen 29 vH der Arbeiter-Haushalte ein monatliches Einkommen von 300 bis 450 DM. Da auch die angrenzenden Einkommensklassen ebenfalls relativ stark besetzt waren, hatten fast 60 vH aller Arbeiter-Haushalte in diesem Jahr ein monatliches Einkommen bis 500 DM. Rund ein Drittel der Arbeiter-Haushalte erzielte Einkommen zwischen 500 und 1000 DM, dagegen hatten nur noch 7 vH der insgesamt mehr als 5,6 Mill. Arbeiter-Haushalte ein Einkommen über 1000 DM.

Die Zunahme der Zahl der Arbeiter-Haushalte war aus den bereits genannten Gründen nur gering; die durchschnittliche Einkommenssteigerung in den Arbeiter-Haushalten war zwar relativ stärker als bei den Angestellten, jedoch beträchtlich geringer als die Expansionsrate der Einkommen der Selbständigen und Rentner. So verlagerte sich der häufigste Bereich im Jahre 1959 auf 400 bis 550 DM (Anteil: 26 vH). Der Anteil der insgesamt weniger als 500 DM verdienenden Haushalte ging auf 37 vH zurück, während sich im Bereich zwischen 500 und 1000 DM, der nunmehr stärker als die Einkommensgruppen bis 500 DM besetzt war, fast die Hälfte der Arbeiter-Haushalte befanden, und jetzt auch bereits jeder sechste Arbeiter-Haushalt mehr als 1000 DM vereinnahmen konnte.

Infolge einer Zunahme der Arbeiter-Haushalte in den untersuchten Jahren um insgesamt 225 000 und der Einkommen um 13,4 Mrd. DM ergab sich, daß

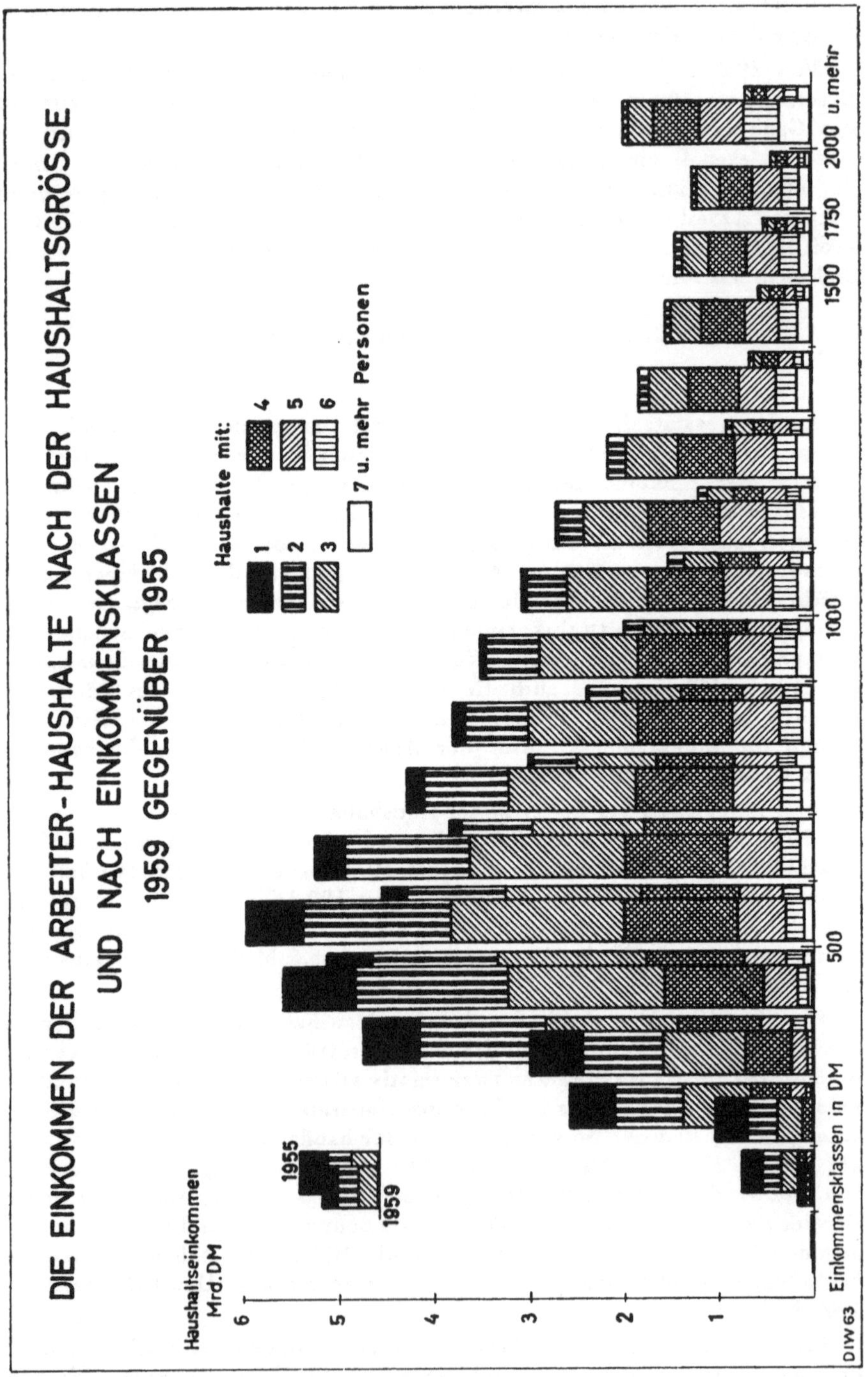
DIE EINKOMMEN DER ARBEITER-HAUSHALTE NACH DER HAUSHALTSGRÖSSE
UND NACH EINKOMMENSKLASSEN
1959 GEGENÜBER 1955
Haushaltseinkommen
Mrd. DM
6
5
4
3
2
1
1955
1959
Haushalte mit:
1
2
3
4
5
6
7 u. mehr Personen
Einkommensklassen in DM
500
1000
1500
1750
2000
u. mehr
DIW 63

im Bereich bis 450 DM die Zahl der Haushalte um 1,26 Mill. und das Einkommen um 3,9 Mrd. DM zurückgingen, in den darüberliegenden Einkommensklassen dagegen die Haushalte um 1,5 Mill. und die Einkommen um 17,3 Mrd. DM stiegen. Die relativen Veränderungen waren auch hier, wie zu erwarten, in den untersten und höchsten Einkommensklassen am stärksten: So nahm die Zahl der Haushalte, die weniger als 300 DM verdienten, um zwei Drittel ab, dagegen verdreifachte sich die Zahl der Haushalte, die mehr als 1500 DM verdienten.

b) Schichtung nach der Zahl der Einkommensbezieher

Die nach der Zahl der Einkommensbezieher gegliederte Schichtung weist für die Arbeiter-Haushalte größere Unterschiede als bei den bisher besprochenen Gruppen auf. So betrug 1959 das durchschnittliche Jahreseinkommen der Haushalte mit drei und mehr Einkommensbeziehern 14 275 DM und damit das Zweieinhalbfache der Haushalte, die allein auf das Einkommen des Haushaltsvorstandes (5750 DM) angewiesen waren. Der Anteil der Haushalte mit einem Einkommensbezieher, wozu jeder zweite Arbeiter-Haushalt gehörte, war jedoch erheblich geringer als es für den Durchschnitt aller Haushalte ausgewiesen wird. Auf Haushalte mit alleinverdienendem Vorstand entfielen daher nur 38 vH des gesamten Arbeiter-Einkommens (im Durchschnitt aller Haushalte 44 vH).

Die Schichtung der Haushalte mit einem Einkommensbezieher entspricht — verständlicherweise — am meisten der Struktur der persönlichen Arbeiter-Verdienste. So war 1955 die stärkste Massierung mit dem sehr hohen Anteil von über 41 vH im Einkommensbereich zwischen 250 und 400 DM festzustellen. Wie dicht besetzt die — im Vergleich zur Gesamtverteilung — unteren Einkommensklassen hier sind, ist auch daran zu erkennen, daß nur 15 vH dieser Haushaltsgruppe ein 500 DM übersteigendes Einkommen erreichen konnten. Außerordentlich deutlich hoben sich die Arbeiter-Haushalte mit mehreren Einkommensbeziehern von dieser Schichtung ab: Der Schwerpunkt der Haushalte mit zwei Verdienern lag 1955 zwischen 400 und 550 DM und erfaßte ein Drittel dieser Gruppe. Noch deutlicher abgesetzt von der ersten Haushaltsgruppe ist die Struktur der Haushalte mit mindestens drei Einkommensbeziehern: Der häufigste Bereich, der nur noch ein Viertel dieser Gruppe umfaßte, lag hier 1955 zwischen 600 und 750 DM; jeder vierte Haushalt hatte Einnahmen von mehr als 1000 DM, davon 5 vH mehr als 1500 DM.

Auch nach der Einkommensexpansion von 1955 bis 1959, während der sich überdies die zahlenmäßige Bedeutung der Mehr-Verdiener-Haushalte nochmals verstärkte, hoben sich für jede der drei Gruppen die am dichtesten besetzten Einkommensbereiche — wenn auch mit geringer werdenden Anteilen — klar voneinander ab: 350 bis 500 DM mit einem Anteil von 38 vH für Haushalte mit einem Einkommensbezieher, 550 bis 700 DM mit 28 vH für solche mit zwei und schließlich 800 bis 950 DM mit 20 vH für die größte Mehr-Verdiener-Gruppe. Von den einzelnen Haushalten haben 1959 mehr als 1000 DM verdient: 1 vH der ersten, 18 vH der zweiten und fast zwei Drittel der dritten Gruppe.

c) Schichtung nach der Größe der Haushalte

Die Gliederung der Arbeiter-Haushalte nach der Personenzahl entspricht in groben Zügen der Gesamtstruktur, ist aber im einzelnen der Struktur der Angestellten- und Beamten-Haushalte am ähnlichsten; weder die kleinen noch die großen Haushalte überwiegen eindeutig; das relativ stärkste Gewicht haben die 3-Personen-Haushalte. Die Spanne der durchschnittlichen Haushaltseinkommen von der nach der Personenzahl kleinsten bis zur größten Haushaltsgruppe reichte 1959 von 5130 DM bis 13 330 DM. In umgekehrter Richtung änderte sich die Höhe der Durchschnittseinkommen je Angehörigen eines Arbeiter-Haushalts: Sie betrug 1959 bei den Einzel-Haushalten 5130 DM, verringerte sich von Gruppe zu Gruppe und erreichte im 7- und Mehr-Personen-Haushalt nur noch 1675 DM. Vom Gesamteinkommen aller Arbeiter-Haushalte entfiel 1959 auf den 3-Personen-Haushalt etwas über ein Viertel; es folgten dahinter mit einem gewissen Abstand die 4- und 2-Personen-Haushalte, insgesamt waren diese drei genannten Gruppen mit mehr als zwei Dritteln am gesamten Einkommen der Arbeiter-Haushalte beteiligt.

Dem unterschiedlichen Durchschnittseinkommen entsprechend differierten auch die einzelnen Schichtungsbilder — gegliedert nach der Haushaltsgröße — außerordentlich stark, und zwar sowohl in der Lage ihrer Schwerpunktsbereiche als auch im Anteil dieser Massierungen. Wie bereits bei den Haushalten der Selbständigen und Angestellten, lag auch bei den Arbeiter-Einzel-Haushalten der Schwerpunktsbereich am niedrigsten: Im Jahre 1955 zwischen 200 und 350 DM, 1959 zwischen 300 und 450 DM (Anteil: 36 vH). Im 4-Personen-Arbeiter-Haushalt waren 1959 die Einkommensklassen zwischen 400 und 550 DM (Anteil: 24 vH) am stärksten besetzt. Deutlich davon hoben sich die entsprechenden Relationen für die 7- und Mehr-Personen-Haushalte ab, 1955 zwischen 450 und 600 DM (Anteil: 18 vH) und 1959 zwischen 550 und 700 DM (Anteil: 15 vH). Mit der Aufwärtsverlagerung der häufigsten Bereiche war auch ein Ansteigen der in den höheren Einkommensklassen einzuordnenden Arbeiter-Haushalte festzustellen. So verdiente 1959 nur knapp 1 vH der Einzel-Haushalte mehr als 1000 DM, während diese Einkommensgrenze im gleichen Jahr immerhin von 22 vH aller 4-Personen-Haushalte überschritten wurde, und fast die Hälfte aller 7- und Mehr-Personen-Haushalte 1000 DM übersteigende Einnahmen erzielen konnte.

Einkommensschichtung der Rentner-Haushalte

a) Gesamtübersicht

Es handelt sich bei den Rentner-Haushaltsvorständen überwiegend um Empfänger von Zahlungen der Sozialversicherung, von Beamtenpensionen und Kriegsfolgeleistungen sowie von Aufwendungen der öffentlichen Fürsorge, zum kleineren Teil um Empfänger betrieblicher Pensionszahlungen und schließlich auch um Altenteiler und sonstige Privat-Rentner. In der anteilmäßigen Bedeutung der hier zusammenfließenden Einkommen stehen jedoch eindeutig die Leistungen der sozialen Rentenversicherung voran. Bereits ein kurzer Blick auf die Einkommensstruktur der Rentner im Jahre 1955 läßt

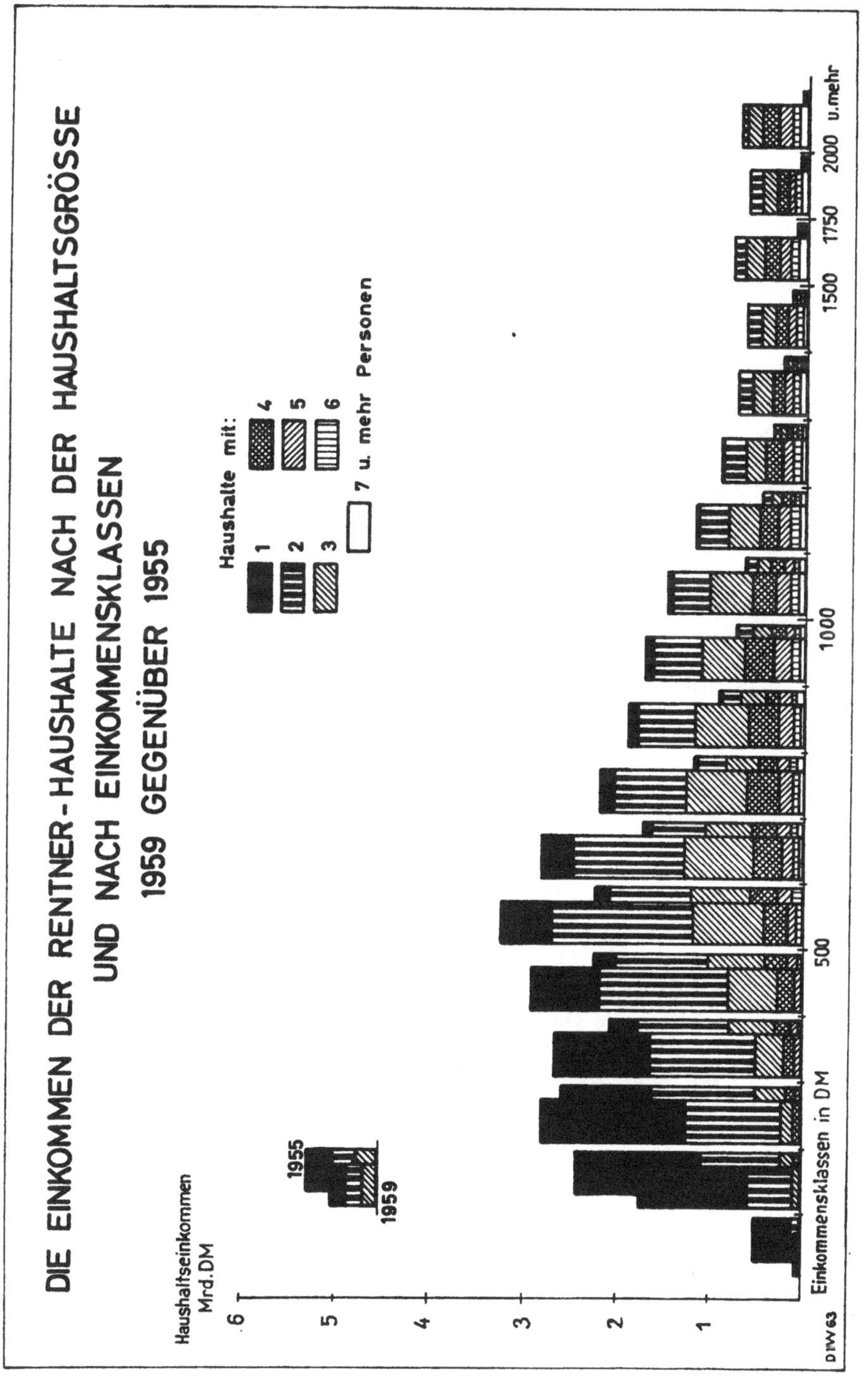
DIE EINKOMMEN DER RENTNER-HAUSHALTE NACH DER HAUSHALTSGRÖSSE
UND NACH EINKOMMENSKLASSEN
1959 GEGENÜBER 1955
Haushalte mit:
1
2
3
4
5
6
7 u. mehr Personen
Haushaltseinkommen
Mrd. DM
6
5
4
3
2
1
1955
1959
Einkommensklassen in DM
500
1000
1500
1750
2000
u. mehr
DIW 63

keinen Zweifel daran, daß zahlreiche Haushalte recht geringe Einkünfte hatten, die in einigen Fällen nicht einmal die geltenden Fürsorgerichtsätze erreicht haben.

Verglichen mit den anderen sozialen Gruppen war die Struktur der Rentner-Haushalte homogen, da die Mehrzahl dieser Haushalte sich in einem relativ eng begrenzten Einkommensbereich — den unteren Klassen — befand. Es kann daher auch nicht überraschen, daß die Spannweite der Rentner-Einkommen bei niedrigem Niveau — das Durchschnittseinkommen je Haushalt betrug 1955 nur 4075 DM — sehr gering war. Lediglich Mehr-Verdiener-Haushalte mit zumeist zusätzlichem Arbeitseinkommen und auch die Beamten-Pensionäre haben 1955 zu einer — wenn auch nur schwachen — Besetzung der mittleren und höheren Einkommensklassen beigetragen. Zwei Fünftel aller Rentner-Haushalte waren in den drei untersten Klassen — dem häufigsten Bereich — zu finden. Nahezu drei Fünftel aller Haushalte blieben 1955 mit ihrem Einkommen unter der 300-DM-Grenze, und fast vier Fünftel erreichten nicht einmal Einnahmen von 500 DM im Monat. Die weitere Besetzung aufwärts der Einkommensskala nahm dann äußerst schnell ab, so daß nur knapp ein Zehntel aller Rentner-Haushalte ein 700 DM übersteigendes Einkommen für sich beanspruchen konnte. Allerdings muß bei diesen Ergebnissen berücksichtigt werden, daß es sich bei den niedrigen Einkommen in der Mehrzahl um Einkünfte von Einzel-Personen handelt und daher auch das Durchschnittseinkommen je Haushalts*angehörigen* — 1885 DM jährlich — nicht mehr so stark von den Durchschnittswerten der anderen Gruppen abwich.

Die Reform der sozialen Rentenversicherung führte im Jahre 1957 zu erheblichen Verbesserungen der Rentenzahlungen. Diese nahmen im Durchschnitt um mehr als die Hälfte zu, stiegen sogar nicht selten auf das Doppelte der 1955 aufgewendeten Beträge, so daß Einkommensniveau und auch Einkommensverteilung der Rentner-Haushalte, soweit es die Rentenbezieher der Sozialversicherung betraf, ganz erheblich korrigiert wurden. Mit einer durchschnittlichen Zunahme der Einkommen je Rentner-Haushalt um 44 vH in den Jahren 1955 bis 1959 übertraf die Einkommenssteigerung die aller anderen Gruppen, blieb jedoch — + 1800 DM — hinter den Mehrbeträgen der anderen Haushaltsgruppen zurück. Legt man aber die durchschnittliche Einkommensentwicklung je Haushaltsangehörigen zugrunde, so entsprach diese Zunahme — + 830 DM — fast genau den durchschnittlichen Mehreinnahmen je Angehörigen aller Haushalte und war sogar etwas größer als der entsprechende Betrag der Arbeiter-Haushalte.

An der Veränderung des Schichtungsbildes der Rentner-Einkommen ist besonders bemerkenswert, daß Einkommen unter 100 DM (1955 immerhin 12 vH der Rentner-Haushalte) im Jahre 1959 nur noch ganz selten anzutreffen waren. Der häufigste Bereich verschob sich 1959 auf Einkommen zwischen 100 und 250 DM mit einem nun bereits erheblich geringeren Anteil von 29 vH. Im gesamten Einkommensbereich bis 500 DM befanden sich zwar 1959 immer noch rd. zwei Drittel aller Rentner-Haushalte, jedoch verstärkte sich der Anteil in den mittleren Einkommensklassen zwischen 500 und 1000 DM auf 29 vH, und der Anteil der Haushalte mit monatlichen Einkommen über 1000 DM dehnte sich — relativ noch stärker — auf 9 vH aus.

b) Schichtung nach der Zahl der Einkommensbezieher

Der Anteil der Mehr-Verdiener-Haushalte in dieser Gruppe ist verständlicherweise nur gering, da die Rentner überwiegend in 1- und 2-Personen-Haushalten leben: In den untersuchten Jahren bestritten von drei Rentner-Haushalten fast zwei ihren Lebensunterhalt allein vom Einkommen des Haushaltsvorstandes, und nur jeder zehnte Haushalt wies mehr als zwei Einkommensbezieher auf. Dennoch entfiel vom gesamten Einkommen der Rentner-Haushalte im Jahre 1959 nur etwas mehr als ein Drittel auf Haushalte mit einem Einkommensbezieher, da das durchschnittliche Jahreseinkommen dieser Gruppe nur 3550 DM betrug, das der Haushalte mit zwei Einkommensbeziehern jedoch fast 8000 DM erreichte und das der dritten Gruppe sich auf über 13 000 DM belief. Diese erhebliche Spanne der Durchschnittseinkommen wurde vor allem dadurch hervorgerufen, daß die weiteren Einkommensbezieher häufig Einkünfte aus Erwerbstätigkeit bezogen. Es kann daher auch nicht überraschen, daß die Einkommen der zweiten und dritten Einkommensbezieher — im Gegensatz zu allen anderen Gruppen — das durchschnittliche Rentner-Einkommen des Haushaltsvorstandes übertrafen.

Die genannten Durchschnittswerte deuten bereits darauf hin, daß auch die jeweilige Schichtung nach der Zahl der Einkommensbezieher sich stärker als bei der entsprechenden Gliederung der Selbständigen und der Arbeitnehmer voneinander unterscheidet. Es ist jedoch zu betonen, daß die zahlenmäßig bedeutendste Gruppe mit einem Einkommensbezieher die Versorgungslage des „reinen" Rentner-Haushalts am besten kennzeichnet. Zwei Drittel dieser Gruppe — das ist die stärkste Massierung aller untersuchten Haushalte (nach der Zahl der Einkommensbezieher) — verfügten 1955 über ein Einkommen von weniger als 200 DM, und nur 3 vH erzielten mehr als 500 DM. Ganz anders ist dagegen die Struktur der Mehr-Verdiener-Haushalte: Ein knappes Drittel der Haushalte mit zwei Einkommensbeziehern nahm monatlich 300 bis 450 DM ein, ein Viertel der dritten Gruppe konnte im häufigsten Bereich 550 bis 700 DM für sich beanspruchen. Schließlich verdienten 4 bzw. 20 vH der beiden Mehr-Verdiener-Gruppen über 1000 DM.

Wie bereits erörtert, verbesserte sich die materielle Lage der Rentner-Haushalte — insbesondere der Gruppe mit einem Einkommensbezieher — durch die Rentenreform ganz erheblich. Jeder zweite Haushalt erhielt nun Einnahmen in Höhe von 100 bis 250 DM, und mehr als jeder zehnte Haushalt konnte mindestens 500 DM für sich verwenden. Relativ schwächer, wenn auch in absoluten Beträgen stärker, veränderte sich die Schichtung der Mehr-Verdiener-Haushalte. Der jeweils häufigste Bereich lag 1959 zwischen 450 und 600 DM bzw. 750 und 900 DM. Mehr als 1000 DM verdiente jeder zehnte bzw. jeder zweite Rentner-Haushalt, dem neben dem Rentner-Einkommen des Haushaltsvorstandes weitere Einnahmen— darunter in vielen Fällen Arbeitseinkommen — zur Verfügung standen.

c) Schichtung nach der Größe der Haushalte

Wiesen schon die oben genannten Ergebnisse auf die starken Unterschiede der Rentner-Haushalte gegenüber denen der Selbständigen- und Arbeitnehmer-Haushalte hin, so trifft dies in erhöhtem Maße für die nach der Größe gegliederten Haushalte zu. Mehr als 70 vH gehören nämlich den 1- und 2-Personen-Haushalten an. Nur etwa jeder zehnte Rentner-Haushalt hatte mehr als drei Haushaltsangehörige. Am Durchschnittseinkommen gemessen hatte im Jahre 1959 die größte Haushaltsgruppe (14 635 DM) mehr als das Vierfache der kleinsten Gruppe (3340 DM) zur Verfügung.

Von allen in dieser Untersuchung insgesamt dargestellten Haushaltsschichtungen wiesen die Rentner-Einzel-Haushalte das niedrigste Durchschnittseinkommen, die stärkste Nivellierung, die kleinste Spannweite der Einkommen und demzufolge auch die relativ stärkste Besetzung im häufigsten Bereich auf. Fast zwei Drittel der 1-Personen-Rentner-Haushalte mußten sich 1955 mit weniger als 200 DM monatlich begnügen, und nur 3 vH dieser Gruppe verfügten über mehr als 500 DM. Da die Bedeutung der erwerbstätigen mitverdienenden Haushaltsangehörigen mit steigender Personenzahl erheblich zunahm, verbesserte sich die Einkommenslage in den großen Haushalten ganz beträchtlich: Ein Viertel der 3-Personen-Haushalte bezog Einkommen zwischen 300 und 450 DM je Haushaltsangehörigen, und zwei Fünftel dieser Gruppe — fast ausschließlich Haushalte mit mehreren Einkommensbeziehern — kamen auf über 500 DM. Noch deutlicher ist diese Tendenz bei den 5-Personen-Haushalten, deren Bedeutung allerdings verhältnismäßig gering war und die auch nur in Ausnahmefällen allein auf das Renten-Einkommen des Haushaltsvorstandes angewiesen waren. Der häufigste Bereich lag hier 1955 zwischen 500 und 650 DM (Anteil: 22 vH); 15 vH dieser Gruppe konnten sich auf mehr als 1000 DM monatlich stützen.

Die durch die Rentenreform von 1957 ausgelöste Verbesserung der Leistungen kam den kleineren Haushaltsgruppen, in denen die Einkommen weiterer Haushaltsangehöriger nur von geringerer Bedeutung sind, besonders zugute: In den Einzel-Haushalten waren 1959 die Rentner, die 100 DM nicht erreichten, nur noch ganz selten zu finden. Etwa die Hälfte bezog Leistungen zwischen 100 und 250 DM, und jeder zehnte alleinstehende Rentner hatte in diesem Jahr mehr als 500 DM an Einnahmen. In der 3-Personen-Gruppe hatte fast jeder vierte Haushalt (im häufigsten Bereich) ein Einkommen zwischen 450 und 600 DM, und fast jedem sechsten Haushalt standen mehr als 1000 DM zur Verfügung.

Querschnittsanalyse und Zeitvergleich

Die Fülle der kommentierten Einzelangaben läßt es erwünscht erscheinen, die wesentlichen Strukturmerkmale der Einkommensschichtung der privaten Haushalte in der Bundesrepublik zusammenzufassen und auch auf die Einkommensstreuung und ihre Veränderung im untersuchten Zeitabschnitt einzugehen.

Wenn auch die jeweiligen Durchschnittseinkommen der einzelnen Haushaltsgruppen nur eine erste Orientierung für die tatsächliche Einkommensdifferenzierung sein können, so lassen sie jedoch bereits beträchtliche Einkommensunterschiede erkennen. 1959 belief sich das durchschnittliche Einkommen je Haushalt in der Gruppe mit drei und mehr Einkommensbeziehern auf das fast Zweieinhalbfache der Haushalte mit einem Einkommensbezieher, das der Selbständigen-Haushalte auf das fast Dreifache der Rentner-Haushalte und das der 7- und Mehr-Personen-Gruppe auf fast das Vierfache der Einzel-Haushalte. Eine Kombination dieser Hauptmerkmale, wie sie in den Einzeldarstellungen vorgenommen wurde, hat die Relationen zum Teil verstärkt, in anderen Fällen aber auch abgeschwächt.

Ein völlig anderes Bild, nämlich das einer erheblich gleichmäßigeren Differenzierung, ergibt sich jedoch, wenn die jeweilige Versorgungslage am durchschnittlichen Einkommen je Haushalts angehörigen gemessen wird: Die Haushalte mit drei und mehr Einkommensbeziehern konnten 1959 je Angehörigen nur ein um ein Drittel höheres Einkommen als die Haushalte mit einem Einkommensbezieher für sich verwenden. Gemessen an dieser Bezugsgröße hatten die Selbständigen-Haushalte lediglich ein um knapp die Hälfte höheres Einkommen als die Rentner-Haushalte. Schließlich kehrte sich die Tendenz für die Durchschnittsberechnung bei der Gliederung nach der Haushaltsgröße sogar um: Haushalte mit sieben und mehr Personen erreichten je Haushaltsangehörigen nur knapp die Hälfte des Betrages der Einzel-Haushalte. Auch wenn man berücksichtigt, daß größere Haushalte allgemein „wirtschaftlicher" geführt werden, und daß eine Umrechnung auf „Voll-Personen" nicht vorgenommen wurde, würde sich dadurch keine so wesentliche Abschwächung der Unterschiede ergeben, daß die genannten Relationen qualitativ nicht mehr zuträfen.

Vor einer analytischen Würdigung der wesentlichen Strukturmerkmale der Einkommensschichtung in der Bundesrepublik soll auf einige allgemeine Probleme der Einkommensverteilung eingegangen werden. Seit Pareto sind die Bemühungen um die funktionale Darstellung einer „gesetzmäßigen" Einkommensverteilung nicht mehr abgerissen. Immer mehr Autoren haben den Versuch unternommen, den Nachweis für eine „normale" Verteilung der Einkommen unter Verwendung statistisch-mathematischer Verfahren zu erbringen. Da jedoch viele soziale und ökonomische Faktoren auf die Ein-

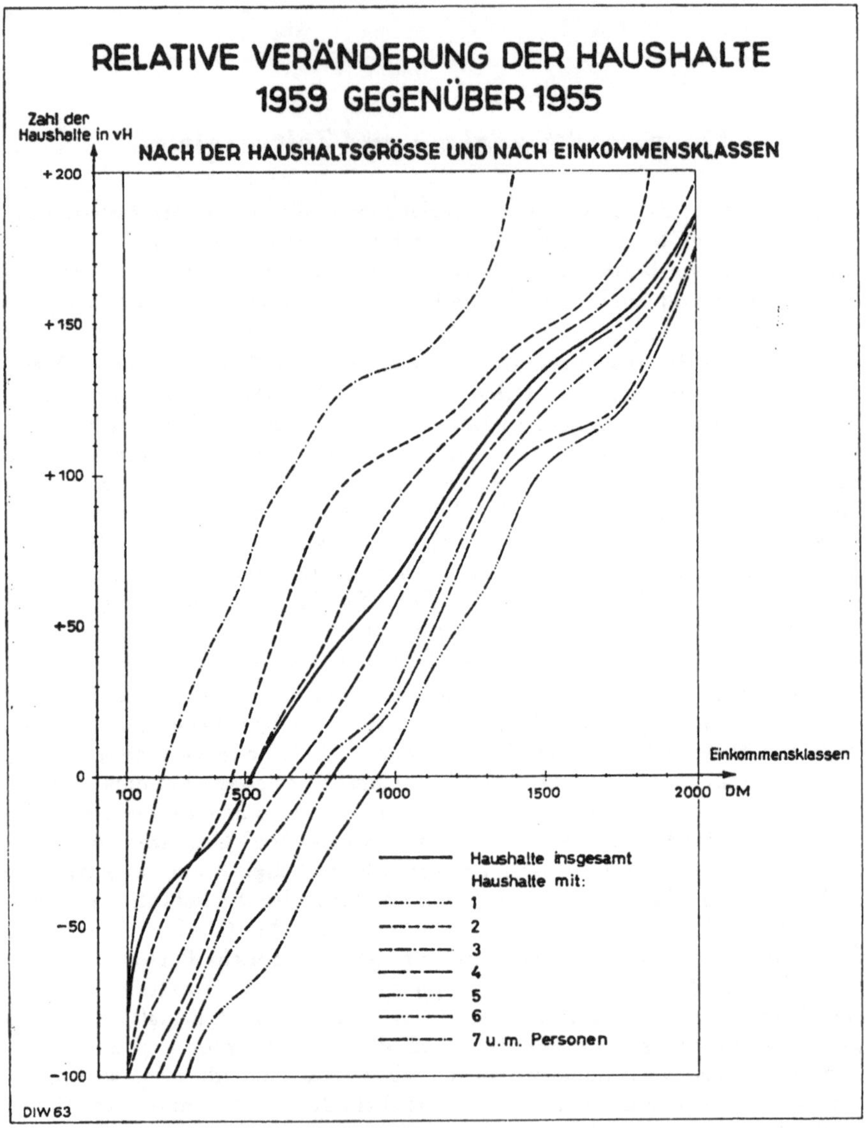

kommensverteilung einwirken (Struktur der Bevölkerung, Beschäftigungsquote, Entwicklungsstand der Volkswirtschaft, staatliche Finanz- und Sozialpolitik, Verhalten der Tarifpartner und schließlich auch das „Konjunkturklima"), scheint es zumindest gewagt, dieser ein einziges Verteilungsprinzip überzuordnen.

Die Ergebnisse dieser Untersuchung haben auch ein derartiges Verteilungsgesetz nicht verifizieren können, allerdings gewisse „regelmäßige" Erscheinungsformen in Anordnung und Schichtung der Einzeleinkommen in allen hier ausgewählten Haushaltsgruppen erkennen lassen. Zweifellos hat sich auch am Beispiel der Einkommensschichtung der privaten Haushalte in der Bundesrepublik empirisch erhärtet, daß es gemeinsame Charakteristika der Einkommensschichtung gibt. Dies trifft insbesondere für die Besetzungsdichte und die Streuung der Einzeleinkommen zu. Zieht man eine Einkommensskala, auf der die Einkommensintervalle in gleichen Abständen aufgetragen sind, als Maßstab heran, so ist die häufigste Besetzung nicht etwa in der Mitte der Spannweite, sondern in der Regel eher im unteren Einkommensbereich festzustellen. Mit anderen Worten: Vom niedrigsten Einkommen ausgehend, nimmt mit steigendem Einkommen die Zahl der in den Einkommensklassen erfaßten Haushalte verhältnismäßig rasch zu, nach Erreichen des häufigsten Wertes jedoch nimmt die Besetzungsdichte wieder ab, wenn auch erheblich langsamer. Graphisch gesehen steigt die Verteilungskurve der Haushalte zunächst steil an und fällt vom Höhepunkt an nur mit wesentlich schwächerer Neigung.

Vergleicht man die untersuchten Einzelschichtungen, so ist eine eindeutige Abhängigkeit der wesentlichen Strukturmerkmale vom Durchschnittseinkommen je Haushalt — besser dem arithmetischen Mittel — festzustellen gewesen: Mit steigendem Durchschnittseinkommen verminderte sich der Anteil der Haushalte im häufigsten Bereich, dieser verlagerte sich gleichzeitig auf der Einkommensskala nach oben, und die Spannweite der Einkommen nahm zu. In graphischer Darstellung zeigen sich die Veränderungen vor allem darin, daß mit steigendem Durchschnittseinkommen die Verteilungskurve an Steilheit verliert und sich immer mehr abflacht, sich dafür aber breiter hinweg über die Einkommensskala erstreckt. Diese typischen Veränderungen waren sowohl für die Schichtung unterschiedlicher Haushaltsgruppen im gleichen Jahr, als auch für die Einkommensentwicklung der gleichen Haushaltsgruppe im Zeitablauf zu beobachten.

Die unterschiedlichen Streuungsmerkmale einzelner Haushaltsgruppen, wie auch deren jeweilige Veränderungen im Ablauf der untersuchten Jahre, treten besonders klar und übersichtlich hervor, wenn man noch einmal die Schichtung in zusammengefaßten Einkommensklassen — mit Einkommensintervallen von 250 bzw. 500 DM — darstellt. Im Jahre 1955 erfaßte so die am häufigsten besetzte Einkommensklasse bei den Selbständigen-Haushalten — die Gruppe mit dem höchsten Durchschnittseinkommen — einen Anteil von 29 vH, bei den Rentner-Haushalten — die Gruppe mit dem niedrigsten Durchschnittseinkommen — dagegen 51 vH, während die Haushalte der Angestellten und Arbeiter entsprechend ihrem jeweiligen Durchschnittseinkommen auch mit ihrem relativen Anteil — 37 bzw. 45 vH — zwischen den beiden erstgenannten Gruppen lagen. Auf Grund der Einkommensexpansion bis 1959 nahmen in allen Gruppen die Anteile der Haushalte im häufigsten Bereich, der jeweils — abgesehen von den Arbeiter-Haushalten — um ein zusammengefaßtes Einkommensintervall nach oben rückte, zwischen 7 und 18 Punkten ab.

Ähnliche Unterschiede und Veränderungen in Abhängigkeit vom jeweiligen Durchschnittseinkommen ergaben sich für die nach der Zahl der Einkom-

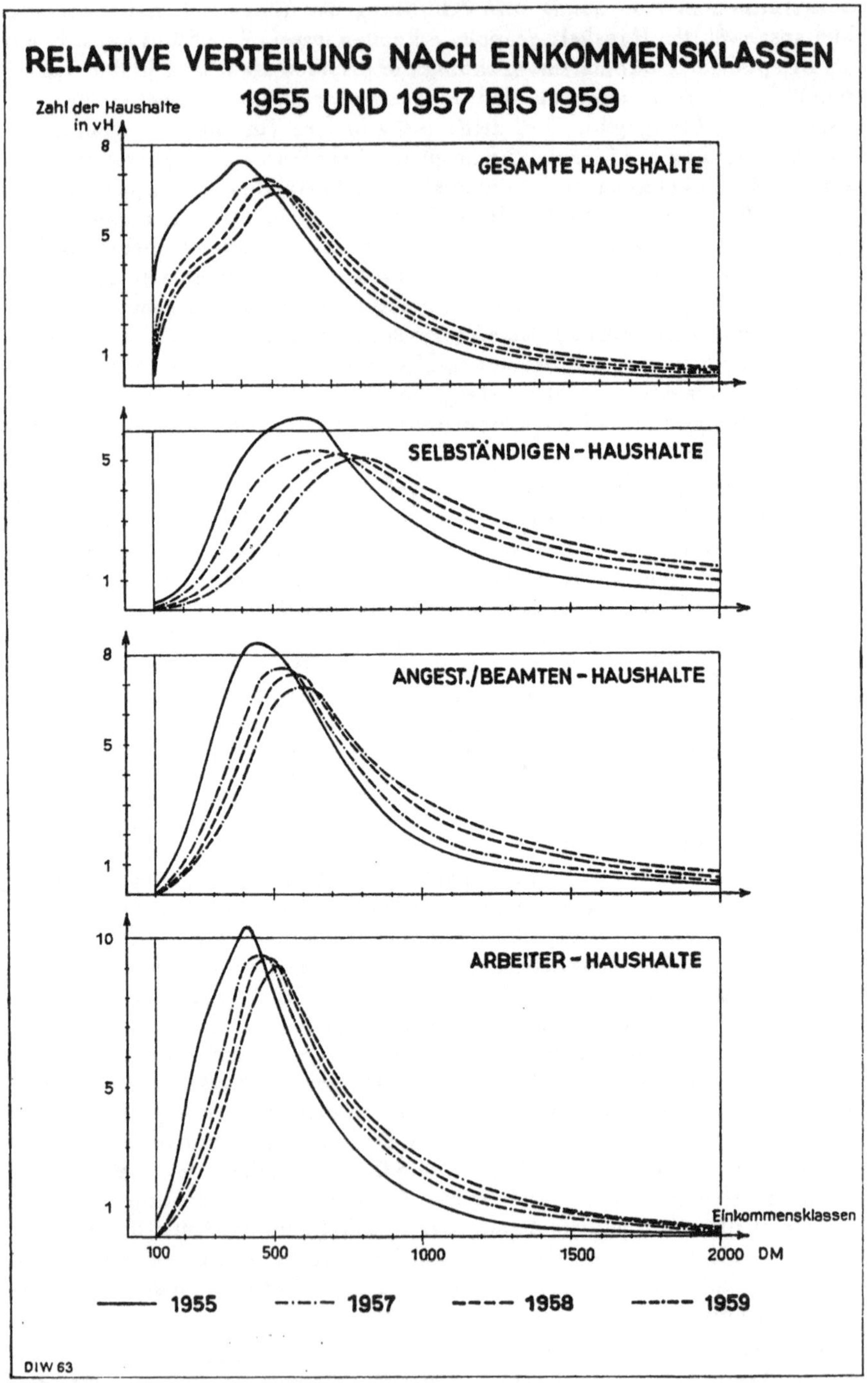
RELATIVE VERTEILUNG NACH EINKOMMENSKLASSEN
1955 UND 1957 BIS 1959
Zahl der Haushalte in vH
GESAMTE HAUSHALTE
SELBSTÄNDIGEN - HAUSHALTE
ANGEST./BEAMTEN - HAUSHALTE
ARBEITER - HAUSHALTE
Einkommensklassen
100
500
1000
1500
2000 DM
1955
1957
1958
1959
DIW 63

mensbezieher und nach der Haushaltsgröße gegliederten Schichtungsbilder. 1955 waren im häufigsten Bereich der 1-Einkommensbezieher-Gruppe 41 vH, bei der 3- und Mehr-Einkommensbezieher-Gruppe jedoch nur 31 vH erfaßt. 1959 waren auch hier ein Rückgang der Anteile — wenn auch von geringerem Ausmaß — und eine Aufwärtsverlagerung des häufigsten Bereichs zu beobachten. Ebenfalls hatten die Einzel-Haushalte — mit dem niedrigsten Durchschnittseinkommen — im Jahre 1955 den höchsten Anteil — 58 vH —

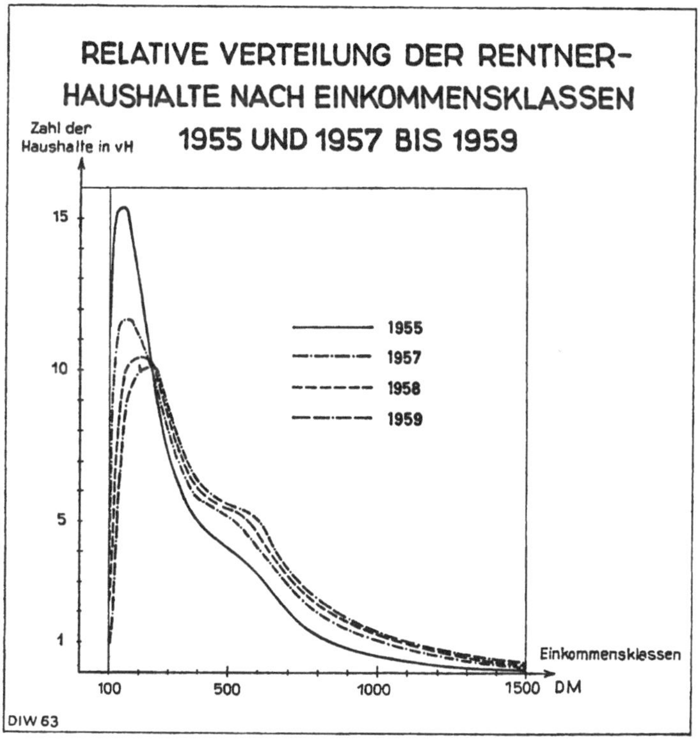

im Schwerpunktsbereich, während die Gruppe der 5- und Mehr-Personen-Haushalte eine erheblich geringere Besetzung — nämlich nur 29 vH — im häufigsten Bereich aufzuweisen hatte. Es bedarf sicher keines ausdrücklichen Hinweises darauf, daß auch in allen anderen untersuchten Einzelschichtungen ähnliche bzw. gleichgerichtete Merkmalsveränderungen festgestellt worden sind. Dazu sei noch bemerkt, daß die vergleichsweise niedrigen Anteile des häufigsten Bereiches der Haushalte mit relativ hohem Durchschnittseinkommen im Verlauf der Einkommensexpansion nur noch relativ schwach zurückgingen.

Zur Messung der Einkommensdifferenzierung bietet die mathematische Statistik eine Reihe von Maßen und Verfahren, auf die im einzelnen nur andeutungsweise eingegangen werden kann. Die Verfahren knüpfen im ein-

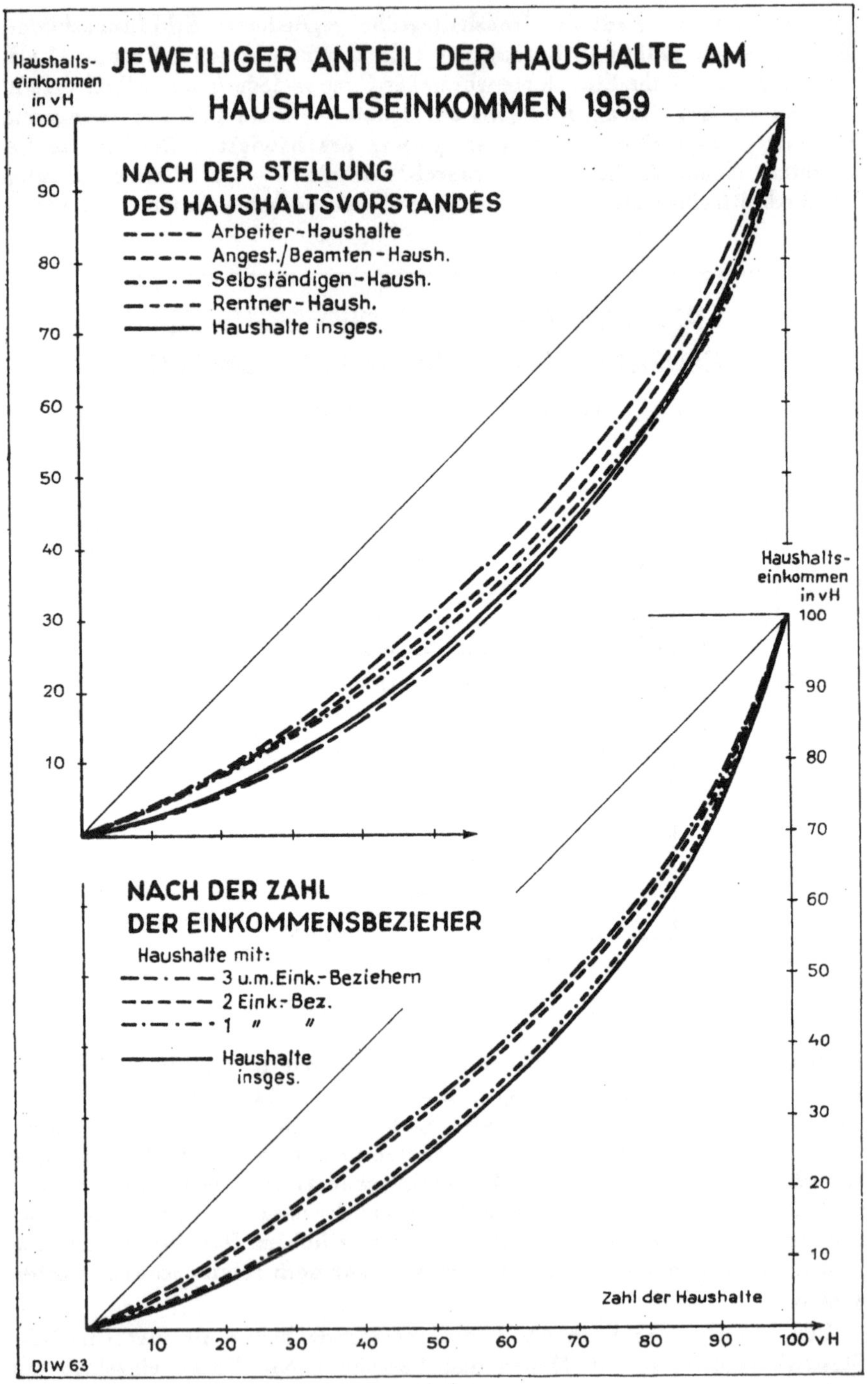
JEWEILIGER ANTEIL DER HAUSHALTE AM HAUSHALTSEINKOMMEN 1959
Haushalts-einkommen in vH
100
90
80
70
60
50
40
30
20
10
NACH DER STELLUNG DES HAUSHALTSVORSTANDES
Arbeiter-Haushalte
Angest./Beamten-Haush.
Selbständigen-Haush.
Rentner-Haush.
Haushalte insges.
NACH DER ZAHL DER EINKOMMENSBEZIEHER
Haushalte mit:
3 u.m. Eink.-Beziehern
2 Eink.-Bez.
1 " "
Haushalte insges.
Zahl der Haushalte
10 20 30 40 50 60 70 80 90 100 vH
DIW 63

zelnen an jeweils bestimmte Charakteristika der Einkommensverteilung an. Ihr Vorteil liegt darin, daß sie eine „Kurzfassung“ der wesentlichen Merkmale einer Schichtung anbieten. Jedoch sollte ihr Aussagewert nicht überschätzt werden; sie geben im besten Falle eine Teilantwort auf die Frage nach der Einkommensstreuung.

Eine der bekanntesten Darstellungen der Einkommensdifferenzierung ist die „Lorenz-Kurve“, in der auf den Koordinaten die Anteile der Haushalte und ihrer Einkommen festgehalten werden. Es zeigt sich allerdings, daß die Betrachtung einer solchen Verteilungskurve „rein optisch“ wegen der in vielen Fällen zu geringen Veränderungstendenzen nicht allzu ergiebig ist. Eine tabellarische Darstellung der in anteilmäßig zehn gleiche „Schichten“ aufgegliederten Haushalte mit dem jeweils dazugehörenden Einkommensanteil — im Grunde das gleiche Verfahren — führt zu übersichtlicheren Ergebnissen. Bei ihrer Interpretation ist davon auszugehen, daß die Disparität um so stärker ist, je größer der Einkommensanteil der Haushalte in den höheren „Zehnerschichten“ ist (im weiteren hier Dezile genannt). Es genügt ein Blick auf die entsprechenden Übersichten (S. 136 f.), um festzustellen, daß die auf die einzelnen Dezile entfallenden Einkommensanteile — ausnahmslos — sehr unterschiedlich sind. Auffallend ist der hohe Anteil des höchsten Dezils, auf das in fast allen Gruppen mehr als ein Viertel des Gesamteinkommens entfällt. Ganz allgemein sind in den unteren sechs Dezilen die entsprechenden Einkommensanteile niedriger — d. h. sie liegen unter 10 vH —, in den folgenden dagegen höher als die dazugehörigen Anteile der Haushalte. Die Einkommensanteile der Selbständigen-Haushalte (29,3 vH) sind im zehnten Dezil erheblich höher, dagegen in den unteren neun Dezilen fast ausnahmslos niedriger als die entsprechenden Anteile der anderen sozialen Gruppen. Ein Vergleich der vier Hauptgruppen zeigt, daß von Selbständigen-Haushalten über die Angestellten/Beamten- bis zu den Arbeiter-Haushalten der Einkommensanteil des höchsten Dezils stetig abnimmt und damit auch die Differenzierung schwächer wird. Allerdings fügen sich die Ergebnisse für die Rentner-Haushalte in diese Tendenz nicht ganz ein. Die an sich zunächst zu erwartende geringere Differenzierung gegenüber den Haushalten der Angestellten und Beamten tritt vor allem deswegen nicht ein, da die Einkommensunterschiede zwischen Rentner-Haushalten mit einem und mehreren Einkommensbeziehern besonders groß sind und dieses Auseinanderklaffen zu einer überraschend stark differenzierten Einkommensstreuung in den Rentner-Haushalten führt.

Vergleicht man die entsprechenden Einkommensanteile gleicher Haushaltsgruppen in den beiden Jahren 1955 und 1959, so deuten die inzwischen eingetretenen Veränderungen — Rückgang der Anteile in den obersten zwei bis vier Dezilen — offensichtlich darauf hin, daß die Einkommensdifferenzierung in allen vier Hauptgruppen — besonders bei den Selbständigen und Rentnern — geringer, die Verteilung also gleichmäßiger geworden ist. Diese Aussage bleibt bestehen, wenn man an Stelle der Dezile die „größeren“ Quintile verwendet.

Noch deutlicher ist die Einkommensdifferenzierung bei der Gliederung nach der Zahl der Einkommensbezieher zu erkennen: Im Jahre 1959 wurde

Mittelwerte für die Einkommen der einzelnen Haushaltstypen in DM je Monat

	Arithmet. Mittel	Mediandianwert	Modalwert	Arithmet. Mittel	Mediandianwert	Modalwert
	1955			1957		
Haushaltsvorstand						
Selbständiger	898	697	555	1 082	840	592
Angestellter/Beamter	668	543	425	800	635	500
Arbeiter	521	454	369	618	522	411
Rentner	340	246	140	435	351	148
Haushalte mit						
1 Person	286	216	129	450	279	145
2 Personen	456	385	353	550	465	425
3 Personen	591	495	392	708	587	455
4 Personen	693	573	398	831	690	488
5 Personen	814	671	508	979	807	525
6 Personen	901	729	544	1 093	895	600
7 und mehr Personen	1 026	812	625	1 246	989	725
1 Einkommensbezieher	420	344	225	500	414	392
2 Einkommensbezieher	646	543	490	773	637	533
3 und mehr Einkommensbezieher	1 013	865	717	1 221	1 020	791
Haushalte, insgesamt	565	457	383	682	546	450
	1958			1959		
Haushaltsvorstand						
Selbständiger	1 175	927	688	1 275	1 009	725
Angestellter/Beamter	836	669	504	878	707	535
Arbeiter	654	552	443	692	587	469
Rentner	468	368	188	490	389	202
Haushalte mit						
1 Person	375	298	170	395	318	198
2 Personen	587	498	455	621	524	471
3 Personen	752	624	494	798	660	512
4 Personen	884	732	506	938	779	538
5 Personen	1 040	865	650	1 104	923	706
6 Personen	1 168	954	692	1 252	1 028	914
7 und mehr Personen	1 331	1 066	793	1 426	1 152	1 030
1 Einkommensbezieher	537	445	421	572	469	450
2 Einkommensbezieher	820	676	554	869	719	592
3 und mehr Einkommensbezieher	1 287	1 074	888	1 354	1 130	943
Haushalte, insgesamt	725	584	458	769	615	495

Messung der Einkommensdifferenzierung nach der Summendifferenzen-Methode[1]) 1955 und 1959

Stellung des Haushaltsvorstandes	Haushalte, gesamt	Zahl der Einkommensbezieher			Zahl der Haushaltsangehörigen				
		1	2	3 u. mehr	1	2	3	4	5 u. mehr
					1955				
Haushalte, gesamt	26,6	26,2	20,3	18,4	27,6	23,9	22,1	22,7	23,4
Selbständige	25,2	24,3	24,5	21,8	26,1	24,2	24,0	24,3	24,6
Angest./Beamte	23,2	19,7	20,5	20,4	20,1	21,2	21,8	22,7	23,8
Arbeiter	21,2	15,7	15,1	14,6	16,8	18,0	19,1	20,3	21,5
Rentner	29,2	21,4	17,0	15,6	21,4	25,3	21,3	21,4	17,9
					1959				
Haushalte, gesamt	25,8	25,2	19,5	17,5	23,9	23,0	21,6	22,1	22,6
Selbständige	23,3	23,0	22,8	22,0	23,7	23,9	23,8	23,2	24,5
Angest./Beamte	22,5	19,7	19,3	17,5	20,4	21,6	21,8	21.9	22,6
Arbeiter	19,9	13,2	14,4	12,9	15,2	16,8	18,1	19,3	20,2
Rentner	26,9	20,5	15,5	13,5	20,4	22,8	19,2	19,3	18,0

1) Differenz der Anteile der Haushalte und der Einkommen, gemessen von der untersten Einkommensklasse bis zu dem Bereich, in dem der Anteil der Haushalte und der Einkommen gleich ist.

in allen drei Gruppen (Haushalte mit einem, zwei, drei und mehr Einkommensbeziehern) für das sechste Dezil fast der gleiche Einkommensanteil ausgewiesen. In den höheren Dezilen stieg jedoch der Einkommensanteil der 1-Einkommensbezieher-Haushalte wesentlich stärker an. Für die Gliederung der Haushalte nach der Größe führte dieses Verfahren zu keiner Klärung, da hinsichtlich der unterschiedlichen Einkommensanteile der einzelnen Dezile keine eindeutige Tendenz für eine bei steigender Personenzahl schwächere oder stärkere Einkommensdifferenzierung festzustellen war.

Auf ähnliche Weise kann die Einkommensstreuung gemessen werden, wenn die jeweiligen Abweichungen zwischen Haushaltsanteilen und entsprechenden Einkommensanteilen von Einkommensklasse zu Einkommensklasse summiert werden (Summendifferenzen-Methode). In den unteren Einkommensklassen bleiben die Einkommensanteile hinter denen der Haushalte zurück, im mittleren Bereich — in der Nähe des arithmetischen Mittels — entsprechen sich die Anteile und in den höheren Einkommensklassen übertreffen die Einkommensanteile die entsprechenden Haushaltsanteile. Die Höhe der positiven oder negativen Abweichungen (beide Summen sind gleich groß) bietet sich dann als Maßzahl zur Beurteilung der Einkommensdifferenzierung an. Die Maßzahl nimmt mit steigender Differenzierung zu. Dieses Verfahren hat den Vorteil, daß mit einer einzigen Zahl ein Urteil über die jeweilige Einkommensverteilung gefällt werden kann. Von 1955 bis 1959 ging die Meßziffer für die Gesamtschichtung aller Haushalte von 26,4 auf 25,8 zurück. Diese und weitere Ergebnisse können dann durch entsprechende Differenzenbildung unmittelbar abgeleitet werden.

Verhältnis des Medianwertes zum arithmetischen Mittel als Maßstab für die Einkommensdifferenzierung in vH

	1955	1959
Haushaltsvorstand		
Selbständiger	77,6	79,1
Angestellter/Beamter	81,3	80,5
Arbeiter	87,1	84,8
Rentner	72,4	79,4
Haushalte mit		
1 Person	75,5	80,5
2 Personen	84,4	84,4
3 Personen	83,8	82,7
4 Personen	82,7	83,0
5 Personen	82,4	83,6
6 Personen	80,9	82,1
7 und mehr Personen	79,1	80,8
1 Einkommensbezieher	81,9	82,0
2 Einkommensbezieher	84,1	82,7
3 und mehr Einkommensbezieher	85,4	83,5
Haushalte, gesamt	80,9	80,0

Schließlich tragen auch die verschiedenen Mittelwerte, die jeweils die „zentrale Tendenz" der Häufigkeitsverteilung in bestimmter Weise wiedergeben, zur Charakterisierung der Einkommensschichtung bei. Das Durchschnittseinkommen — genauer das arithmetische Mittel — ist im Verlauf dieser Untersuchung häufig zur Kennzeichnung einzelner Schichtungen herangezogen worden. Auch der häufigste Wert hat als Lagemaß der jeweiligen Einkommensstruktur wichtige Informationen vermittelt. Als weiterer Mittelwert sei hier noch der Median erwähnt, der das Einkommen des „mittleren" Haushaltes bestimmt. Alle drei Werte stehen in einem bestimmten Verhältnis zueinander: Der häufigste oder Modalwert weist in allen Schichtungen den niedrigsten, das arithmetische Mittel den höchsten Einkommensbetrag auf, während der Wert des Median stets z w i s c h e n den beiden erstgenannten liegt. Die Einkommensexpansion von 1955 bis 1959 wirkte sich auf die Gesamtschichtung auch dadurch aus, daß das arithmetische Mittel die stärkste (+ 36,1 vH), Medianwert (+ 34,6 vH) und Modalwert (+ 29,2 vH) dagegen eine schwächere Zunahme aufwiesen und damit auch, wie zu erwarten, die Verteilungskurve insgesamt flacher wurde. Diese Tendenz wurde — gemessen an der jeweiligen Zunahme dieser drei Mittelwerte — allerdings nicht in allen Einzelschichtungen bestätigt.

Da für eine länger zurückliegende Vergleichszeit entsprechende statistische Erhebungen fehlen, mußten die vorliegenden Untersuchungen auf einen relativ kurzen Zeitablauf der Einkommensentwicklung beschränkt werden. Das Hauptanliegen bestand daher auch in der Beschreibung der Einkommensverhältnisse der privaten Haushalte in der Bundesrepublik in den untersuchten Jahren. Dennoch hat die starke Expansion der gesamten verfügbaren Einkommen — um nahezu die Hälfte — das Bild der Einkommensschichtung des Jahres 1959 gegenüber 1955 beträchtlich verändert. Es hat sich insbesondere gezeigt, daß die Versorgungslage der Bevölkerung der Bundesrepublik durch die den einzelnen Haushalten zufließenden Einnahmen besser als durch die isolierte Darstellung der persönlichen Einkommen gekennzeichnet wird. So werden persönliche Einkommensunterschiede durch zusätzliche Verdienste oder Einkünfte weiterer Haushaltsangehöriger in zahlreichen Fällen ausgeglichen, mitunter allerdings auch verstärkt. Die Einkommenskumulation hat gleichfalls die Spannweite der Einkommen erhöht.

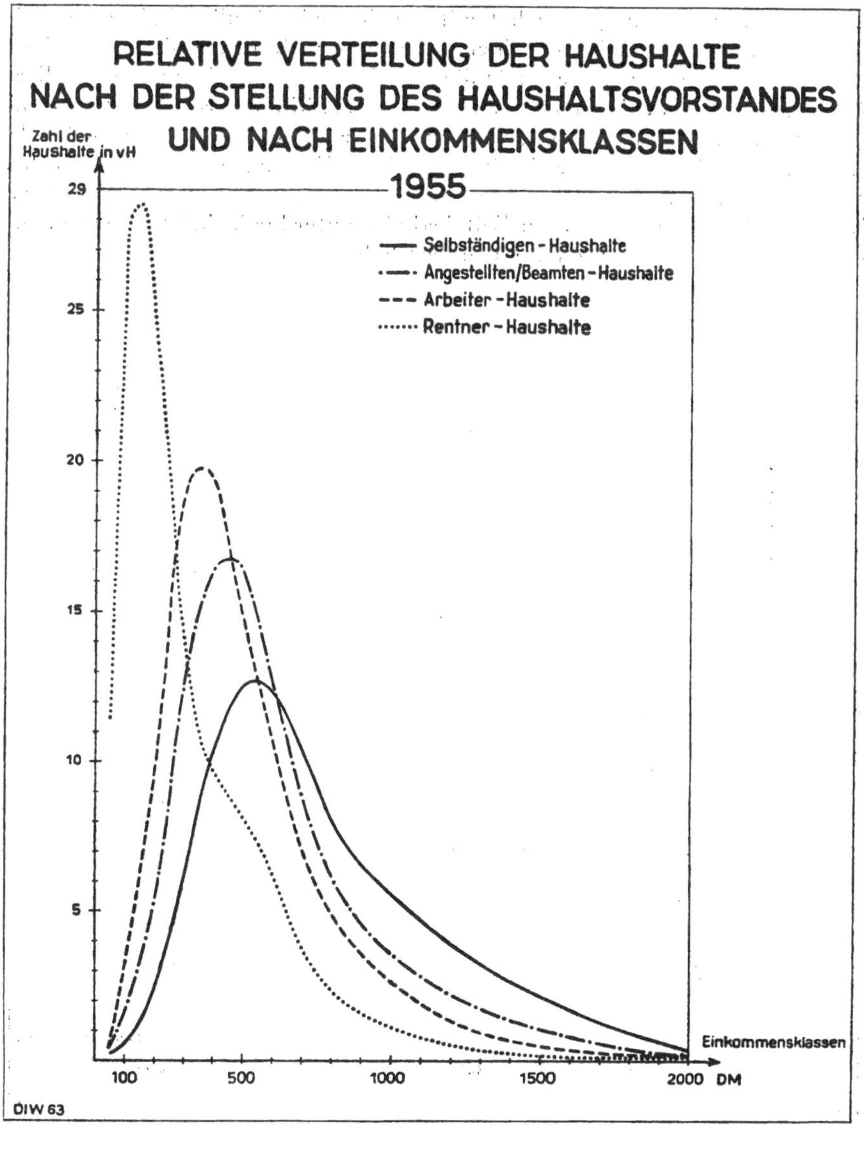

Nach den vorliegenden Ergebnissen wäre es verfrüht, die Frage eindeutig zu beantworten, inwieweit im Trend eine Abschwächung oder auch Verstärkung der Einkommensdifferenzierung zu beobachten ist. Immerhin lassen die festgestellten Veränderungen — sowohl die originär ermittelten als auch die durch Messung errechneten — eher den Schluß zu, daß die das Schichtungsbild bestimmenden Tendenzen mehr auf eine zunehmende Nivellierung als etwa auf eine stärkere Differenzierung ausgerichtet waren. Wesentlichen Anteil hatten daran die überdurchschnittlich steigenden Sozialleistungen der Rentenversicherung, die überwiegend Einkommensbeziehern mit geringerem Einkommen zuflossen, jedoch hat mit zunehmender Vollbeschäftigung auch die Entlohnung von Arbeitskräften mit relativ niedrigem Einkommen überdurchschnittlich zugenommen. Für die einzelnen sozialen Gruppen sind allerdings die Unterschiede in der Einkommensentwicklung zwischen 1955 und 1959 keineswegs repräsentativ für eine über diese Zeit hinaus wirkende Tendenz. Es hat sich gerade in den darauffolgenden Jahren 1960 bis 1962 gezeigt, daß die Einkommen der Gesamtheit der Arbeitnehmer-Haushalte, die in dem untersuchten Zeitabschnitt unterdurchschnittlich zugenommen hatten, überproportional expandiert haben.

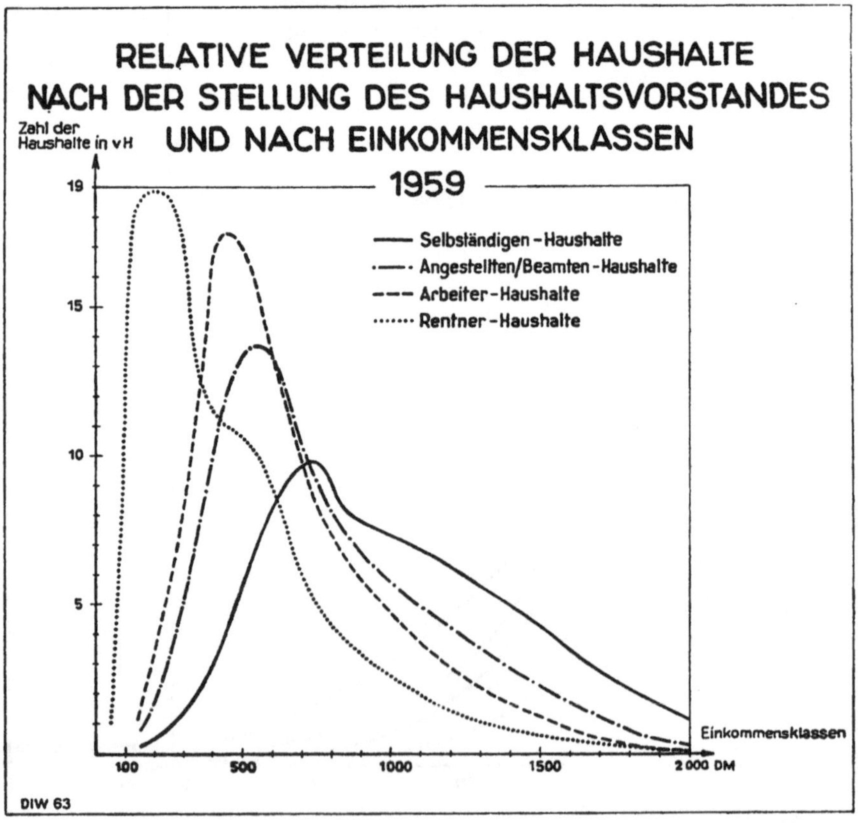

Zahlenanhang

Gliederung der Haushalte nach der Haushaltsgröße und

Werte in 1000; Zahlen in Klammern = Zahl der in

Haushaltsgröße	Stellung des							
	Selbständiger				Angestellter/Beamter			
	1955	1957	1958	1959	1955	1957	1958	1959
1 Person	180 (180)	180 (180)	180 (180)	180 (180)	515 (515)	515 (515)	525 (525)	535 (535)
2 Personen	520 (1 040)	520 (1 040)	520 (1 040)	520 (1 040)	790 (1 580)	795 (1 590)	815 (1 630)	830 (1 660)
3 Personen	595 (1 785)	600 (1 800)	600 (1 800)	600 (1 800)	885 (2 655)	925 (2 775)	950 (2 850)	985 (2 955)
4 Personen	600 (2 400)	600 (2 400)	600 (2 400)	605 (2 420)	675 (2 700)	710 (2 840)	735 (2 940)	755 (3 020)
5 Personen	420 (2 100)	420 (2 100)	420 (2 100)	420 (2 100)	280 (1 400)	295 (1 475)	300 (1 500)	305 (1 525)
6 Personen	260 (1 560)	260 (1 560)	265 (1 590)	265 (1 590)	105 (630)	110 (660)	110 (660)	115 (690)
7 und mehr Personen	255 (2 005)	255 (2 010)	260 (2 045)	260 (2 020)	60 (470)	65 (510)	65 (495)	65 (505)
Haushalte, gesamt	2 830 (11 070)	2 835 (11 090)	2 845 (11 155)	2 850 (11 150)	3 310 (9 950)	3 415 (10 365)	3 500 (10 600)	3 590 (10 890)
Haushaltsvorstände	2 830	2 835	2 845	2 850	3 310	3 415	3 500	3 590
Weitere Einkommensbezieher	1 760	1 820	1 830	1 825	1 180	2 125	2 180	2 255
davon								
Selbständige	90	90	90	90	65	65	65	65
Angestellte/Beamte	270	305	325	345	510	690	755	835
Arbeiter	1 160	1 180	1 165	1 125	1 090	1 145	1 125	1 105
Rentner	240	245	250	265	215	225	235	250
Einkommensbezieher, gesamt	4 590	4 655	4 675	4 675	5 190	5 540	5 680	5 845
Mithelfende Familienangehörige	2 985	2 940	2 890	2 840	10	10	10	10
Angehörige ohne Hauptberuf	3 495	3 495	3 590	3 635	4 750	4 815	4 910	5 035
davon								
Ehefrauen ohne Hauptberuf	565	575	600	620	1 930	1 970	1 995	2 015
sonstige Personen über 15 J. ohne Hauptberuf	250	260	275	295	355	380	395	420
Kinder unter 15 Jahren	2 680	2 660	2 715	2 720	2 465	2 465	2 520	2 600
Bevölkerung, insgesamt	11 070	11 090	11 155	11 150	9 950	10 365	10 600	10 890

nach der sozialen Stellung der Haushaltsangehörigen
den einzelnen Haushaltsgruppen lebenden Personen

Haushaltsvorstandes								Haushalte, gesamt			
Arbeiter				Rentner							
1955	1957	1958	1959	1955	1957	1958	1959	1955	1957	1958	1959
575	575	580	585	1 615	1 660	1 705	1 740	2 885	2 930	2 990	3 040
(575)	(575)	(580)	(585)	(1 615)	(1 660)	(1 705)	(1 740)	(2 885)	(2 930)	(2 990)	(3 040)
1 320	1 330	1 345	1 350	1 685	1 740	1 765	1 805	4 315	4 385	4 445	4 505
(2 640)	(2 660)	(2 690)	(2 700)	(3 370)	(3 480)	(3 530)	(3 610)	(8 630)	(8 770)	(8 890)	(9 010)
1 600	1 635	1 660	1 680	700	725	730	735	3 780	3 885	3 940	4 000
(4 800)	(4 905)	(4 980)	(5 040)	(2 100)	(2 175)	(2 190)	(2 205)	(11 340)	(11 655)	(11 820)	(12 000)
1 185	1 220	1 235	1 240	315	335	340	345	2 775	2 865	2 910	2 945
(4 740)	(4 880)	(4 940)	(4 960)	(1 260)	(1 340)	(1 360)	(1 380)	(11 100)	(11 460)	(11 640)	(11 780)
565	580	595	600	155	165	165	165	1 420	1 460	1 480	1 490
(2 825)	(2 900)	(2 975)	(3 000)	(775)	(825)	(825)	(825)	(7 100)	(7 300)	(7 400)	(7 450)
235	245	245	245	70	75	75	75	670	690	695	700
(1 410)	(1 470)	(1 470)	(1 470)	(420)	(450)	(450)	(450)	(4 020)	(4 140)	(4 170)	(4 200)
160	165	165	165	50	50	50	55	525	535	540	545
(1 265)	(1 295)	(1 285)	(1 315)	(390)	(395)	(395)	(425)	(4 130)	(4 210)	(4 220)	(4 265)
5 640	5 750	5 825	5 865	4 590	4 750	4 830	4 920	16 370	16 750	17 000	17 225
(18 255)	(18 685)	(18 920)	(19 070)	(9 930)	(10 325)	(10 455)	(10 635)	(49 205)	(50 465)	(51 130)	(51 745)
5 640	5 750	5 825	5 865	4 590	4 750	4 830	4 920	16 370	16 750	17 000	17 225
4 085	4 360	4 410	4 420	2 510	2 715	2 750	2 790	10 235	11 020	11 170	11 290
75	80	80	80	95	100	100	100	325	335	335	335
390	545	615	675	360	475	510	560	1 530	2 015	2 205	2 415
3 320	3 415	3 385	3 315	1 500	1 555	1 535	1 490	7 070	7 295	7 210	7 035
300	320	330	355	555	585	605	640	1 310	1 375	1 420	1 505
9 725	10 110	10 235	10 285	7 100	7 465	7 580	7 710	26 605	27 770	28 170	28 515
15	15	15	15	15	15	15	15	3 025	2 980	2 930	2 880
8 515	8 560	8 670	8 770	2 815	2 845	2 860	2 910	19 575	19 715	20 030	20 350
3 430	3 450	3 460	3 480	2 065	2 090	2 105	2 125	7 990	8 085	8 160	8 240
455	485	500	520	110	115	120	125	1 170	1 240	1 290	1 360
4 630	4 625	4 710	4 770	640	640	635	660	10 415	10 390	10 580	10 750
18 255	18 685	18 920	19 070	9 930	10 325	10 455	10 635	49 205	50 465	51 130	51 745

Gliederung der Haushalte nach der Haushaltsgröße
Anteile in vH; Zahlen in Klammern = Anteile der in

Haushaltsgröße	Stellung des							
	Selbständiger				Angestellter/Beamter			
	1955	1957	1958	1959	1955	1957	1958	1959
1 Person	6,4 (1,6)	6,3 (1,6)	6,3 (1,6)	6,3 (1,6)	15,5 (5,2)	15,1 (5,0)	15,0 (5,0)	14,9 (4,9)
2 Personen	18,4 (9,4)	18,3 (9,4)	18,3 (9,3)	18,3 (9,3)	23,9 (15,9)	23,3 (15,3)	23,3 (15,4)	23,1 (15,3)
3 Personen	21,0 (16,1)	21,2 (16,2)	21,1 (16,2)	21,1 (16,2)	26,7 (26,7)	27,1 (26,8)	27,1 (26,9)	27,5 (27,1)
4 Personen	21,2 (21,7)	21,2 (21,7)	21,1 (21,5)	21,2 (21,7)	20,4 (27,1)	20.8 (27,4)	21,0 (27,7)	21,0 (27,7)
5 Personen	14,8 (19,0)	14,8 (18,9)	14,8 (18,8)	14,7 (18,8)	8,5 (14,1)	8,6 (14,2)	8,6 (14,1)	8,5 (14,0)
6 Personen	9,2 (14,1)	9,2 (14,1)	9,3 (14,3)	9,3 (14,3)	3,2 (6,3)	3,2 (6,4)	3,1 (6,2)	3,2 (6,3)
7 und mehr Personen	9,0 (18,1)	9,0 (18,1)	9,1 (18,3)	9,1 (18,1)	1,8 (4,7)	1,9 (4,9)	1,9 (4,7)	1,8 (4,7)
Haushalte, gesamt	100,0 (100,0)	100,0 (100,0)	100,0 (100,0)	100,0 (100,0)	100,0 (100,0)	100,0 (100,0)	100,0 (100,0)	100,0 (100,0)
Haushaltsvorstände	25,6	25,6	25,5	25,5	33,3	32,9	33,0	33,0
weitere Einkommensbezieher	15,9	16,4	16,4	16,4	18,9	20,5	20,6	20,7
davon								
Selbständige	0,8	0,8	0,8	0,8	0,7	0,6	0,6	0,6
Angestellte/Beamte	2,4	2,8	2,9	3,1	5,1	6,7	7,2	7,7
Arbeiter	10,5	10,6	10,5	10,1	10,9	11,0	10,6	10,1
Rentner	2,2	2,2	2,2	2,4	2,2	2,2	2,2	2,3
Einkommensbezieher, gesamt	41,5	42,0	41,9	41,9	52,2	53,4	53,6	53,7
mithelfende Familienangehörige	26,9	26,5	25,9	25,5	0,1	0,1	0,1	0,1
Angehörige ohne Hauptberuf	31,6	31,5	32,2	32,6	47,7	46,5	46,3	46,2
davon								
Ehefrauen ohne Hauptberuf	5,1	5,2	5,4	5,6	19,4	19,0	18,8	18,5
sonstige Personen über 15 J. ohne Hauptberuf	2,3	2,3	2,5	2,6	3,5	3,7	3,7	3,8
Kinder unter 15 Jahren	24,2	24,0	24,3	24,4	24,8	23,8	23,8	23,9
Bevölkerung, insgesamt	100,0	100,0	100,0	100,0	100,0	100,0	100,0	100,0

und nach der sozialen Stellung der Haushaltsangehörigen
den einzelnen Haushaltsgruppen lebenden Personen

Haushaltsvorstandes								Haushalte, gesamt			
Arbeiter				Rentner							
1955	1957	1958	1959	1955	1957	1958	1959	1955	1957	1958	1959
10,2 (3,1)	10,0 (3,1)	10,0 (3,1)	10,0 (3,1)	35,2 (16,3)	34,9 (16,1)	35,3 (16,3)	35,4 (16,4)	17,6 (5,9)	17,5 (5,8)	17,6 (5,8)	17,6 (5,9)
23,4 (14,5)	23,1 (14,2)	23,1 (14,2)	23,0 (14,2)	36,7 (33,9)	36,6 (33,7)	36,6 (33,8)	36,7 (33,9)	26,4 (17,5)	26,2 (17,4)	26,1 (17,4)	26,2 (17,4)
28,4 (26,3)	28,4 (26,3)	28,5 (26,3)	28,6 (26,4)	15,2 (21,2)	15,3 (21,1)	15,1 (20,9)	14,9 (20,7)	23,1 (23,0)	23,2 (23,1)	23,2 (23,1)	23,2 (23,2)
21,0 (26,0)	21,2 (26,1)	21,2 (26,1)	21,2 (26,0)	6,9 (12,7)	7,0 (13,0)	7,0 (13,0)	7,1 (13,0)	16,9 (22,6)	17,1 (22,7)	17,1 (22,8)	17,1 (22,8)
10,0 (15,5)	10,1 (15,5)	10,2 (15,7)	10,2 (15,7)	3,4 (7,8)	3,5 (8,0)	3,4 (7,9)	3,3 (7,8)	8,7 (14,4)	8,7 (14,5)	8,7 (14,5)	8,6 (14,4)
4,2 (7,7)	4,3 (7,9)	4,2 (7,8)	4,2 (7,7)	1,5 (4,2)	1,6 (4,3)	1,6 (4,3)	1,5 (4,2)	4,1 (8,2)	4,1 (8,2)	4,1 (8,2)	4,1 (8,1)
2,8 (6,9)	2,9 (6,9)	2,8 (6,8)	2,8 (6,9)	1,1 (3,9)	1,1 (3,8)	1,0 (3,8)	1,1 (4,0)	3,2 (8,4)	3,2 (8,3)	3,2 (8,2)	3,2 (8,2)
100,0 (100,0)	100,0 (100,0)	100,0 (100,0)	100,0 (100,0)	100,0 (100,0)	100,0 (100,0)	100,0 (100,0)	100,0 (100,0)	100,0 (100,0)	100,0 (100,0)	100,0 (100,0)	100,0 (100,0)
30,9	30,8	30,8	30,7	46,2	46,0	46,2	46,3	33,3	33,2	33,2	33,3
22,4	23,3	23,3	23,2	25,3	26,3	26,3	26,2	20,8	21,8	21,9	21,8
0,4	0,4	0,4	0,4	1,0	1,0	0,9	0,9	0,6	0,7	0,7	0,6
2,1	2,9	3,3	3,6	3,6	4,6	4,9	5,3	3,1	4,0	4,3	4,7
18,2	18,3	17,9	17,4	15,1	15,0	14,7	14,0	14,4	14,4	14,1	13,6
1,7	1,7	1,7	1,8	5,6	5,7	5,8	6,0	2,7	2,7	2,8	2,9
53,3	54,1	54,1	53,9	71,5	72,3	72,5	72,5	54,1	55,0	55,1	55,1
0,1	0,1	0,1	0,1	0,2	0,1	0,1	0,1	6,1	5,9	5,7	5,6
46,6	45,8	45,8	46,0	28,3	27,6	27,4	27,4	39,8	39,1	39,2	39,3
18,8	18,5	18,3	18,3	20,8	20,3	20,1	20,0	16,2	16,0	16,0	15,9
2,5	2,6	2,6	2,7	1,1	1,1	1,2	1,2	2,4	2,5	2,5	2,6
25,3	24,7	24,9	25,0	6,4	6,2	6,1	6,2	21,2	20,6	20,7	20,8
100,0	100,0	100,0	100,0	100,0	100,0	100,0	100,0	100,0	100,0	100,0	100,0

Gliederung der Haushalte nach der Haushaltsgröße und
in vH aller

Haushaltsgröße	Stellung des					
	Selbständiger				Angestellter/	
	1955	1957	1958	1959	1955	1957
1 Person	6,2	6,1	6,0	5,9	17,9	17,6
2 Personen	12,1	11,9	11,7	11,5	18,3	18,1
3 Personen	15,8	15,4	15,2	15,0	23,4	23,8
4 Personen	21,6	20,9	20,6	20,6	24,3	24,8
5 Personen	29,6	28,8	28,4	28,2	19,7	20,2
6 Personen	38,8	37,7	38,1	37,9	15,7	15,9
7 und mehr Personen	48,6	47,7	48,1	47,7	11,4	12,1
Haushalte, gesamt	17,3	16,9	16,7	16,5	20,2	20,4
Haushaltsvorstände	17,3	16,9	16,7	16,5	20,2	20,4
weitere Einkommensbezieher	17,2	16,5	16,4	16,2	18,4	19,3
davon						
Selbständige	27,7	26,9	26,9	26,9	20,0	19,4
Angestellte/Beamte	17,7	15,1	14,8	14.3	33,3	34,2
Arbeiter	16,4	16,2	16,2	16,0	15,4	15,7
Rentner	18,3	17,8	17,6	17,6	16,4	16,4
Einkommensbezieher, gesamt	17,3	16,8	16,6	16,4	19,5	19,9
mithelfende Familienangehörige	98,7	98,7	98,6	98,6	0,3	0,3
Angehörige ohne Hauptberuf	17,8	17,7	17,9	17,9	24,3	24,4
davon						
Ehefrauen ohne Hauptberuf	7,1	7,1	7,3	7,5	24,2	24,4
sonstige Personen über 15 J. ohne Hauptberuf	21,4	21,0	21,3	21,7	30,3	30,6
Kinder unter 15 Jahren	25,7	25,6	25,6	25,3	23,7	23,7
Bevölkerung, insgesamt ..	22,5	22,0	21,8	21.5	20,2	20,5

nach der sozialen Stellung der Haushaltsangehörigen
Haushalte

Haushaltsvorstandes									
Beamter		Arbeiter				Rentner			
1958	1959	1955	1957	1958	1959	1955	1957	1958	1959
17,6	17,6	19,9	19,6	19,4	19,3	56,0	56,7	57,0	57,2
18,3	18,4	30,6	30,8	30,3	30,0	39,0	39,7	39,7	40,1
24,1	24,6	42,3	42,1	42,1	42,0	18,5	18,7	18,6	18,4
25,3	25,6	42,7	42,6	42,4	42,1	11,4	11,7	11,7	11,7
20,3	20,4	39,8	39,7	40,2	40,3	10,9	11,3	11,1	11,1
15,9	16,4	35,1	35,5	35,2	35,0	10,4	10,9	10,8	10,7
12,0	11,9	30,5	30,8	30,6	30,3	9,5	9,4	9,3	10,1
20,6	20,8	34,5	34,3	34,3	34,1	28,0	28,4	28,4	28,6
20,6	20,8	34,5	34,3	34,3	34,1	28,0	28,4	28,4	28,6
19,5	20,0	39,9	39,6	39,5	39,1	24,5	24,6	24,6	24,7
19,4	19,4	23,1	23,9	23,9	23,9	29,2	29,8	29,8	29,8
34,2	34,6	25,5	27,1	27,9	27,9	23,5	23,6	23,1	23,2
15,6	15,7	47,0	46,8	46,9	47,1	21,2	21,3	21,3	21,2
16,6	16,6	22,9	23,3	22,2	23,3	42,4	42,5	42,6	42,5
20,2	20,5	36,5	36,4	36,3	36,1	26,7	26,9	26,9	27,0
0,4	0,4	0,5	0,5	0,5	0,5	0,5	0,5	0,5	0,5
24,5	24,7	43,5	43,4	43,3	43,1	14,4	14,5	14,3	14,3
24,5	24,5	42,9	42,7	42,4	42,2	25,8	25,8	25,8	25,8
30,6	30,9	38,9	39,1	38,8	38,2	9,4	9,3	9,3	9,2
23,9	24,2	44,5	44,5	44,5	44,4	6,1	6,2	6,0	6,1
20,7	21,0	37,1	37,0	37,0	36,9	20,2	20,5	20,5	20,6

Gliederung der Nettoeinkommen der privaten Haushalte

	Stellung des							
	Selbständiger				Angestellter/Beamter			
	1955	1957	1958	1959	1955	1957	1958	1959
	Anzahl in 1000							
Haushaltsvorstände	2 830	2 835	2 845	2 850	3 310	3 415	3 500	3 590
Weitere Einkommensbezieher[1])	1 760	1 820	1 830	1 825	1 180	2 125	2 180	2 255
davon Selbständige	90	90	90	90	65	65	65	65
Angest./Beamte	270	305	325	345	510	690	755	835
Arbeiter	1 160	1 180	1 165	1 125	1 090	1 145	1 125	1 105
Rentner	240	245	250	265	215	225	235	250
Einkommensbezieher, gesamt	4 590	4 655	4 675	4 675	5 190	5 540	5 680	5 845
	Gesamteinkommen in Mrd. DM							
Haushaltsvorstände	24,4	29,4	32,1	35,1	19,8	23,8	25,4	27,3
Weitere Einkommensbezieher[1])	6,1	7,4	8,0	8,5	6,7	9,0	9,7	10,5
davon Selbständige	0,6	0,7	0,8	0,9	0,4	0,5	0,5	0,5
Angest./Beamte	1,1	1,4	1,6	1,8	2,2	3,4	3,9	4,6
Arbeiter	3,8	4,6	4,8	4,9	3,6	4,4	4,6	4,6
Rentner	0,6	0,7	0,8	0,9	0,5	0,7	0,7	0,8
Einkommensbezieher, gesamt	30,5	36,8	40,1	43,6	26,5	32,8	35,1	37,8
	Durchschnittseinkommen in DM							
Haushaltsvorstände	8 620	10 370	11 285	12 315	5 980	6 970	7 255	7 605
Weitere Einkommensbezieher[1])	3 465	4 065	4 370	4 660	3 565	4 235	4 450	4 655
davon Selbständige	6 665	7 780	8 890	10 000	6 155	7 690	7 690	7 690
Angest./Beamte	4 075	4 590	4 925	5 215	4 315	4 930	5 165	5 510
Arbeiter	3 275	3 900	4 120	4 355	3 305	3 845	4 090	4 165
Rentner	2 500	2 855	3 200	3 395	2 325	3 110	2 980	3 200
Einkommensbezieher, gesamt	6 645	7 905	8 580	9 325	5 105	5 920	6 180	6 465
Durchschnittseinkommen je Haushalt	10 775	12 980	14 095	15 300	8 005	9 605	10 030	10 530
je Haushaltsangehörigen	2 755	3 320	3 595	3 910	2 665	3 165	3 310	3 470

1) Ohne mithelfende Familienangehörige.

nach der sozialen Stellung der Haushaltsangehörigen

Haushaltsvorstandes								Haushalte, gesamt			
Arbeiter				Rentner							
1955	1957	1958	1959	1955	1957	1958	1959	1955	1957	1958	1959
Anzahl in 1000											
5 640	5 750	5 825	5 865	4 590	4 750	4 830	4 920	16 370	16 750	17 000	17 225
4 085	4 360	4 410	4 420	2 510	2 715	2 750	2 790	10 235	11 020	11 170	11 290
75	80	80	80	95	100	100	100	325	335	335	335
390	545	615	675	360	475	510	560	1 530	2 015	2 205	2 415
3 320	3 415	3 385	3 315	1 500	1 555	1 535	1 490	7 070	7 295	7 210	7 035
300	320	330	350	555	585	605	640	1 310	1 375	1 420	1 505
9 725	10 110	10 235	10 285	7 100	7 465	7 580	7 710	26 605	27 770	28 170	28 515
Gesamteinkommen in Mrd. DM											
23,1	27,6	29,4	31,4	11,1	14,9	16,5	17,6	78,4	95,7	103,4	111,4
12,2	15,0	16,3	17,3	7,6	9,9	10,6	11,3	32,6	41,3	44,6	47,6
0,5	0,5	0,6	0,6	0,6	0,8	0,8	0,8	2,1	2,5	2,7	2,8
1,4	2,1	2,6	3,1	1,5	2,1	2,4	2,8	6,2	9,0	10,5	12,3
9,6	11,5	12,1	12,5	4,3	5,3	5,5	5,6	21,3	25,8	27,0	27,6
0,7	0,9	1,0	1,1	1,2	1,7	1,9	2,1	3,0	4,0	4,4	4,9
35,3	42,6	45,7	48,7	18,7	24,8	27,1	28,9	111,0	137,0	148,0	159,0
Durchschnittseinkommen in DM											
4 095	4 800	5 045	5 355	2 420	3 135	3 415	3 575	4 790	5 715	6 080	6 465
2 985	3 440	3 695	3 915	3 030	3 645	3 855	4 050	3 185	3 750	3 995	4 215
6 665	6 250	7 500	7 500	6 315	8 000	8 000	8 000	6 460	7 465	8 060	8 360
3 590	3 855	4 230	4 590	4 165	4 420	4 705	5 000	4 050	4 465	4 760	5 095
2 890	3 365	3 575	3 770	2 865	3 410	3 585	3 760	3 015	3 535	3 745	3 925
2 335	2 815	3 030	3 145	2 160	2 905	3 140	3 280	2 290	2 910	3 100	3 255
3 630	4 215	4 465	4 735	2 635	3 320	3 575	3 750	4 170	4 935	5 255	5 575
6 260	7 410	7 845	8 305	4 075	5 220	5 610	5 875	6 780	8 180	8 705	9 230
1 935	2 280	2 415	2 555	1 885	2 400	2 590	2 715	2 255	2 715	2 895	3 075

Die privaten Haushalte und ihre Nettoeinkommen nach der

Haushaltsgröße	Haushalte mit 1 Eink.-Bez. Anzahl 1000	Haushalte mit 1 Eink.-Bez. Durchschnitts-Eink. DM	Haushalte mit 1 Eink.-Bez. Gesamteink. Mill. DM	Haushalte mit 2 Anzahl 1000	Haushalte mit 2 Durchschnitts-Eink. DM
		1955			
1 Person	2 885	3 435	9 910	—	—
2 Personen	2 640	4 475	11 810	1 675	7 050 3535/3510
3 Personen	1 895	5 750	10 895	1 295	7 555 4110/3445
4 Personen	1 305	6 470	8 445	745	8 330 4905/3425
5 Personen	585	7 275	4 255	300	9 500 6115/3385
6 Personen	275	8 165	2 245	110	10 320 7000/3320
7 und mehr Personen	200	9 025	1 805	50	11 500 8300/3200
Haushalte, gesamt	9 785	5 045	49 365	4 175	7 750 4295/3455
		1957			
1 Person	2 930	4 200	12 305	—	—
2 Personen	2 655	5 365	14 250	1 730	8 495 4340/4155
3 Personen	1 900	6 760	12 840	1 350	9 095 5025/4070
4 Personen	1 310	7 620	9 985	775	9 930 5895/4035
5 Personen	575	8 530	4 905	320	11 080 7080/4000
6 Personen	275	9 580	2 635	105	12 240 8335/3905
7 und mehr Personen	200	10 875	2 175	50	13 700 9800/3900
Haushalte, gesamt	9 845	6 005	59 095	4 330	9 280 5195/4085
		1959			
1 Person	3 040	4 740	14 415	—	—
2 Personen	2 730	6 115	16 695	1 775	9 500 4820/4680
3 Personen	1 955	7 730	15 110	1 385	10 200 5620/4580
4 Personen	1 335	8 800	11 750	805	11 150 6615/4535
5 Personen	585	9 940	5 815	325	12 600 8060/4540
6 Personen	275	11 310	3 110	110	14 225 9725/4500
7 und mehr Personen	200	12 775	2 555	50	15 700 11200/4500
Haushalte, gesamt	10 120	6 865	69 450	4 450	10 430 5825/4605

Die durch Schrägstrich getrennten Zahlen beziehen sich auf die jeweiligen Einkommensbezieher. Die Zahlen in Klammern stellen die jeweilige Zahl der

Haushaltsgröße und nach der Zahl der Einkommensbezieher

Eink.-Bez.	Haushalte mit 3 und mehr Eink.-Bez.			Haushalte, gesamt		
Gesamteink. Mill. DM	Anzahl 1000	Durchschnitts-Eink. DM	Gesamteink. Mill. DM	Anzahl 1000	Durchschnitts-Eink. DM	Gesamteink. Mill. DM
			1955			
—	—	—	—	2 885	3 435	9 910
11 805	—	—	—	4 315	5 475	23 615
5925/5880						
9 785	590	10 415	6 145	3 780	7 095	26 825
5325/4460	(1180)	3845/3285	2270/3875			
6 205	725	11 605	8 415	2 775	8 310	23 065
3655/2550	(1635)	4505/3150	3265/5150			
2 850	535	12 655	6 770	1 420	9 770	13 875
1835/1015	(1445)	4700/2945	2515/4255			
1 135	285	13 560	3 865	670	10 815	7 245
770/365	(870)	5070/2780	1445/2420			
575	275	14 855	4 085	525	12 315	6 465
415/160	(930)	5875/2655	1615/2470			
32 355	2 410	12 150	29 280	16 370	6 780	111 000
17925/14430	(6060)	4610/3000	11110/18170			
			1957			
—	—	—	—	2 930	4 200	12 305
14 695	—	—	—	4 385	6 600	28 945
7505/7190						
12 275	635	12 380	7 860	3 885	8 490	32 975
6785/5490	(1270	4645/3865	2950/4910			
7 695	780	13 980	10 905	2 865	9 975	28 585
4570/3125	(1840)	5280/3690	4120/6785			
3 545	565	15 340	8 695	1 460	11 745	17 145
2265/1280	(1585)	5665/3465	3200/5495			
1 285	310	16 530	5 125	690	13 110	9 045
875/410	(985)	6080/3290	1885/3240			
685	285	18 035	5 140	535	14 955	8 000
490/195	(1010)	6875/3150	1960 3180			
40 180	2 575	14 650	37 725	16 750	8 180	137 000
22490/17690	(6690)	5480/3530	14115/23610			
			1959			
—	—	—	—	3 040	4 740	14 415
16 865	—	—	—	4 505	7 450	33 560
8555/8310						
14 125	660	13 720	9 055	4 000	9 575	38 290
7785/6340	(1320)	5150/4285	3400/5655			
8 975	805	15 435	12 425	2 945	11 255	33 150
5325/3650	(1890)	5820/4095	4685/7740			
4 095	580	16 955	9 835	1 490	13 250	19 745
2620/1475	(1605)	6190/3890	3590/6245			
1 565	315	18 540	5 840	700	15 020	10 515
1070/495	(1005)	6665/3720	2100/3740			
785	295	20 290	5 985	545	17 110	9 325
560/225	(1020)	7660/3650	2260/3725			
46 410	2 655	16 250	43 140	17 225	9 230	159 000
25915/20495	(6840)	6040/3965	16035/27105			

Durchschnitts- und Gesamteinkommen der Haushaltsvorstände bzw. der weiteren weiteren Einkommensbezieher in den einzelnen Gruppen dar.

Die Selbständigen-Haushalte und ihre Nettoeinkommen nach der

Haushaltsgröße	Haushalte mit 1 Eink.-Bez. Anzahl 1000	Haushalte mit 1 Eink.-Bez. Durchschnitts-Eink. DM	Haushalte mit 1 Eink.-Bez. Gesamteink. Mill. DM	Haushalte mit 2 Anzahl 1000	Haushalte mit 2 Durchschnitts-Eink. DM
1955					
1 Person	180	6 890	1 240	—	—
2 Personen	360	7 985	2 875	160	10 720 6875/3845
3 Personen	395	8 900	3 515	135	11 185 7405/3780
4 Personen	365	9 410	3 435	125	12 000 8320/3680
5 Personen	215	10 185	2 190	95	12 945 9370/3580
6 Personen	140	10 610	1 485	45	13 445 10000/3445
7 und mehr Personen	125	10 920	1 365	30	13 665 10335/3335
Haushalte, gesamt	1 780	9 050	16 105	590	11 815 8120/3695
1957					
1 Person	180	8 555	1 540	—	—
2 Personen	360	9 585	3 450	160	13 190 8690/4500
3 Personen	395	10 355	4 090	140	14 000 9570/4430
4 Personen	365	11 095	4 050	125	14 480 10160/4320
5 Personen	215	11 835	2 545	95	15 105 10895/4210
6 Personen	140	12 430	1 740	45	15 890 11775/4110
7 und mehr Personen	125	13 240	1 655	30	16 165 12165/4000
Haushalte, gesamt	1 780	10 715	19 070	595	14 310 9965/4345
1959					
1 Person	180	10 335	1 860	—	—
2 Personen	360	11 600	4 175	160	15 220 10095/5125
3 Personen	395	12 530	4 950	140	16 180 11145/5035
4 Personen	365	13 440	4 905	130	16 730 11770/4960
5 Personen	215	14 255	3 065	95	17 525 12630/4895
6 Personen	140	14 965	2 095	50	18 500 13700/4800
7 und mehr Personen	125	15 760	1 970	30	18 835 14000/4835
Haushalte, gesamt	1 780	12 935	23 020	605	16 575 11585/4990

Die durch Schrägstrich getrennten Zahlen beziehen sich auf die jeweiligen Einkommensbezieher. Die Zahlen in Klammern stellen die jeweilige Zahl der

Haushaltsgröße und nach der Zahl der Einkommensbezieher

Eink.-Bez.	Haushalte mit 3 und mehr Eink.-Bez.			Haushalte, gesamt		
Gesamteink. Mill. DM	Anzahl 1000	Durchschnitts-Eink. DM	Gesamteink. Mill. DM	Anzahl 1000	Durchschnitts-Eink. DM	Gesamteink. Mill. DM
			1955			
—	—	—	—	180	6 890	1 240
1 715	—	—	—	520	8 825	4 590
1100/615						
1 510	65	13 615	885	595	9 935	5 910
1000/510	(130)	6385/3615	415/470			
1 500	110	14 865	1 635	600	10 950	7 570
1040/460	(235)	7365/3510	810/825			
1 230	110	16 000	1 760	420	12 335	5 180
890/340	(280)	7410/3375	815/945			
605	75	17 135	1 285	260	12 980	3 375
450/155	(215)	7935/3210	595/690			
410	100	18 700	1 870	255	14 295	3 645
310/100	(310)	8800/3195	880/990			
6 970	460	16 165	7 435	2 830	10 780	30 510
4790/2180	(1170)	7640/3350	3515/3920			
			1957			
—	—	—	—	180	8 555	1 540
2 110	—	—	—	520	10 690	5 560
1390/720						
1 960	65	17 155	1 115	600	11 940	7 165
1340,620	(130)	8690/4230	565/550			
1 810	110	18 455	2 030	600	13 150	7 890
1270/540	(250)	9135/4100	1005/1025			
1 435	110	20 090	2 210	420	14 740	6 190
1035/400	(290)	9680/3950	1065/1145			
715	75	21 465	1 610	260	15 635	4 065
530/185	(230)	9935/3760	745/865			
485	100	22 500	2 250	255	17 215	4 390
365/120	(325)	10200/3785	1020/1230			
8 515	460	20 035	9 215	2 835	12 980	36 800
5930/2585	(1225)	9565/3930	4400/4815			
			1959			
—	—	—	—	180	10 335	1 860
2 435	—	—	—	520	12 710	6 610
1615/820						
2 265	65	19 615	1 275	600	14 150	8 490
1560/705	(130)	9925/4845	645/630			
2 175	110	21 045	2 315	605	15 530	9 395
1530/645	(250)	10590/4600	1165/1150			
1 665	110	22 680	2 495	420	17 200	7 225
1200/465	(285)	10910/4545	1200/1295			
925	75	24 135	1 810	265	18 225	4 830
685/240	(225)	11135/4335	835/975			
565	105	25 285	2 655	260	19 960	5 190
420/145	(330)	11665/4335	1225/1430			
10 030	465	22 690	10 550	2 850	15 300	43 600
7010/3020	(1220)	10905/4490	5070/5480			

Durchschnitts- und Gesamteinkommen der Haushaltsvorstände bzw. der weiteren weiteren Einkommensbezieher in den einzelnen Gruppen dar.

Die Angestellten- und Beamten-Haushalte und ihre Nettoeinkommen

Haushaltsgröße	Haushalte mit 1 Eink.-Bez.			Haushalte mit 2	
	Anzahl 1000	Durchschnitts-Eink. DM	Gesamteink. Mill. DM	Anzahl 1000	Durchschnitts-Eink. DM
1955					
1 Person	515	5 455	2 810	—	—
2 Personen	540	6 000	3 240	250	9 220 5000/4220
3 Personen	520	6 395	3 325	245	9 510 5430/4080
4 Personen	345	6 870	2 370	165	9 665 5725/3940
5 Personen	130	7 190	935	50	10 300 6500/3800
6 Personen	40	7 375	295	20	10 250 6500/3750
7 und mehr Personen	20	7 750	155	5	10 000 7000/3000
Haushalte, gesamt	2 110	6 225	13 130	735	9 525 5465/4060
1957					
1 Person	515	6 370	3 280	—	—
2 Personen	525	7 030	3 690	270	11 000 6020/4980
3 Personen	520	7 510	3 905	270	11 205 6390/4815
4 Personen	345	8 015	2 765	180	11 530 6860/4665
5 Personen	120	8 460	1 015	60	11 915 7335/4585
6 Personen	40	8 625	345	15	12 000 7665/4335
7 und mehr Personen	20	9 000	180	5	12 000 8000/4000
Haushalte, gesamt	2 085	7 280	15 180	800	11 280 6475/4805
1959					
1 Person	535	6 990	3 740	—	—
2 Personen	550	7 720	4 245	280	11 945 6465/5480
3 Personen	550	8 255	4 540	290	12 175 6845/5330
4 Personen	365	8 820	3 220	190	12 550 7420/5130
5 Personen	125	9 520	1 190	65	13 150 8075/5075
6 Personen	40	9 625	385	15	13 335 8335/5000
7 und mehr Personen	20	10 000	200	5	14 000 9000/5000
Haushalte, gesamt	2 185	8 020	17 520	845	12 290 6980/5305

Die durch Schrägstrich getrennten Zahlen beziehen sich auf die jeweiligen Einkommensbezieher. Die Zahlen in Klammern stellen die jeweilige Zahl der

nach der Haushaltsgröße und nach der Zahl der Einkommensbezieher

Eink.-Bez.	Haushalte mit 3 und mehr Eink.-Bez.			Haushalte, gesamt		
Gesamteink. Mill. DM	Anzahl 1000	Durchschnitts- Eink. DM	Gesamteink. Mill. DM	Anzahl 1000	Durchschnitts- Eink. DM	Gesamt- eink. Mill. DM
			1955			
—	—	—	—	515	5 455	2 810
2 305 1250/1055	—	—	—	790	7 020	5 545
2 330 1330/1000	120 (240)	12 750 5415/3665	1 530 650/880	885	8 120	7 185
1 595 945/650	165 (375)	13 635 5790/3455	2 250 955/1295	675	9 205	6 215
515 325/190	100 (270)	14 150 5900/3055	1 415 590/825	280	10 230	2 865
205 130/75	45 (140)	14 780 5780/2895	665 260/405	105	11 095	1 165
50 35/15	35 (120)	14 855 6000/2585	520 210/310	60	12 085	725
7 000 4015/2985	465 (1145)	13 720 5730/3245	6 380 2665/3715	3 310	8 010	26 510
			1957			
—	—	—	—	515	6 370	3 280
2 970 1625/1345	—	—	—	795	8 375	6 660
3 025 1725/1300	135 (270)	14 890 6220/4335	2 010 840/1170	925	9 660	8 940
2 075 1265/840	185 (425)	15 865 6430/4105	2 935 1190/1745	710	10 950	7 775
715 440/275	115 (320)	16 870 6565/3705	1 940 755/1185	295	12 440	3 670
180 115/65	55 (170)	17 725 6725/3560	975 370/605	110	13 635	1 500
60 40/20	40 (140)	18 375 7125/3215	735 285/450	65	15 000	975
9 025 5180/3845	530 (1325)	16 215 6490/3890	8 595 3440/5155	3 415	9 605	32 800
			1959			
—	—	—	—	535	6 990	3 740
3 345 1810/1535	—	—	—	830	9 145	7 590
3 530 1985/1545	145 (290)	16 035 6585/4725	2 325 955/1370	985	10 555	10 395
2 385 1410/975	200 (460)	17 075 6900/4425	3 415 1380/2035	755	11 945	9 020
855 525/330	115 (330)	18 650 7045/4045	2 145 810/1335	305	13 740	4 190
200 125/75	60 (185)	19 165 7165/3890	1 150 430/720	115	15 085	1 735
70 45/25	40 (145)	21 500 7625/3825	860 305/555	65	17 385	1 130
10 385 5900/4485	560 (1410)	17 670 6930/4265	9 895 3880/6015	3 500	10 530	37 800

Durchschnitts- und Gesamteinkommen der Haushaltsvorstände bzw. der weiteren weiteren Einkommensbezieher in den einzelnen Gruppen dar.

Die Arbeiter-Haushalte und ihre Nettoeinkommen nach der

Haushaltsgröße	Haushalte mit 1 Eink.-Bez.			Haushalte mit 2
	Anzahl 1000	Durchschnitts-Eink. DM	Gesamteink. Mill. DM	Anzahl 1000	Durchschnitts-Eink. DM
1955					
1 Person	575	3 870	2 225	—	—
2 Personen	820	4 130	3 385	500	6 990 3660/3330
3 Personen	855	4 345	3 715	500	7 130 3890/3240
4 Personen	550	4 565	2 510	310	7 275 4095/3175
5 Personen	220	4 840	1 065	115	7 520 4390/3130
6 Personen	85	5 060	430	30	7 665 4665/3000
7 und mehr Personen	50	5 300	265	10	8 000 5000/3000
Haushalte, gesamt	3 155	4 310	13 595	1 465	7 160 3920/3240
1957					
1 Person	575	4 565	2 625	—	—
2 Personen	820	4 880	4 000	510	8 080 4245/3835
3 Personen	855	5 130	4 385	520	8 250 4510/3740
4 Personen	555	5 405	3 000	320	8 450 4780/3670
5 Personen	220	5 725	1 260	120	8 790 5165/3625
6 Personen	85	5 940	505	30	9 000 5500/3500
7 und mehr Personen	50	6 300	315	10	9 500 6000/3500
Haushalte, gesamt	3 160	5 090	16 090	1 510	8 300 4560/3740
1959					
1 Person	585	5 130	3 000	—	—
2 Personen	830	5 495	4 560	520	9 030 4675/4355
3 Personen	875	5 790	5 065	535	9 250 4970/4280
4 Personen	560	6 125	3 430	325	9 510 5325/4185
5 Personen	225	6 510	1 465	120	9 915 5790/4125
6 Personen	85	6 765	575	30	10 165 6165/4000
7 und mehr Personen	50	7 100	355	10	10 500 7000/3500
Haushalte, gesamt	3 210	5 750	18 450	1 540	9 310 5045/4265

Die durch Schrägstrich getrennten Zahlen beziehen sich auf die jeweiligen Einkommensbezieher. Die Zahlen in Klammern stellen die jeweilige Zahl der

Haushaltsgröße und nach der Zahl der Einkommensbezieher

Eink.-Bez	Haushalte mit 3 und mehr Eink.-Bez.			Haushalte, gesamt		
Gesamteink. Mill. DM	Anzahl 1000	Durchschnitts-Eink. DM	Gesamteink. Mill. DM	Anzahl 1000	Durchschnitts-Eink. DM	Gesamteink. Mill. DM
			1955			
—	—	—	—	575	3 870	2 225
3 495	—	—	—	1 320	5 210	6 880
1830/1665						
3 565	245	9 715	2 380	1 600	6 040	9 660
1945/1620	(490)	3410/3155	835/1545			
2 255	325	10 615	3 450	1 185	6 005	8 215
1270/985	(745)	3645/3040	1185/2265			
865	230	11 630	2 675	565	8 150	4 605
505/360	(645)	3715/2820	855/1820			
230	120	12 085	1 450	235	8 980	2 110
140/90	(380)	3875/2590	465/985			
80	100	12 400	1 240	160	9 900	1 585
50/30	(360)	4050/2320	405/835			
10 490	1 020	10 975	11 195	5 640	6 255	35 280
5740/4750	(2620)	3670/2845	3745/7450			
			1957			
—	—	—	—	575	4 565	2 625
4 120	—	—	—	1 330	6 105	8 120
2165/1955						
4 290	260	11 230	2 920	1 635	7 090	11 595
2345/1945	(520)	3960/3635	1030/1890			
2 705	345	12 595	4 345	1 220	8 240	10 050
1530/1175	(820)	4260/3505	1470/2875			
1 055	240	13 665	3 280	580	9 645	5 595
620/435	(690)	4315/3255	1035/2245			
270	130	14 345	1 865	245	10 775	2 640
165/105	(425)	4540/3000	590/1275			
95	105	14 905	1 565	165	11 970	1 975
60/35	(395)	4760/2695	500/1065			
12 535	1 080	12 940	13 975	5 750	7 410	42 600
6885/5650	(2850)	4280/3280	4625/9350			
			1959			
—	—	—	—	585	5 130	3 000
4 695	—	—	—	1 350	6 855	9 255
2430/2265						
4 950	270	12 465	3 365	1 680	7 965	13 380
2660/2290	(540)	4390/4035	1185/2180			
3 090	355	13 805	4 900	1 240	9 210	11 420
1730/1360	(825)	4620/3950	1640/3260			
1 190	255	14 865	3 790	600	10 740	6 445
695/495	(700)	4665/3715	1190/2600			
305	130	16 310	2 120	245	12 245	3 000
185/120	(430)	4885/3455	635/1485			
105	105	16 570	1 740	165	13 335	2 200
70/35	(385)	5050/3145	530/1210			
14 335	1 115	14 275	15 915	5 865	8 305	48 700
7770/6565	(2880)	4645/3725	5180/10735			

Durchschnitts- und Gesamteinkommen der Haushaltsvorstände bzw. der weiteren weiteren Einkommensbezieher in den einzelnen Gruppen dar.

Die Rentner-Haushalte und ihre Nettoeinkommen nach der

Haushaltsgröße	Haushalte mit 1 Eink.-Bez.			Haushalte mit 2	
	Anzahl 1000	Durchschnitts-Eink. DM	Gesamteink. Mill. DM	Anzahl 1000	Durchschnitts-Eink. DM
		1955			
1 Person	1 615	2 250	3 635	—	—
2 Personen	920	2 510	2 310	765	5 605 2280/3325
3 Personen	125	2 720	340	415	5 735 2530/3205
4 Personen	45	2 890	130	145	5 895 2760/3135
5 Personen	20	3 250	65	40	6 000 2875/3125
6 Personen	10	3 500	35	15	6 335 3335/3000
7 und mehr Personen	5	4 000	20	5	7 000 4000/3000
Haushalte, gesamt	2 740	2 385	6 535	1 385	5 700 2440/3260
		1957			
1 Person	1 660	2 930	4 860	—	—
2 Personen	950	3 275	3 110	790	6 955 2945/4010
3 Personen	130	3 540	460	420	7 145 3275/3870
4 Personen	45	3 780	170	150	7 365 3565/3800
5 Personen	20	4 250	85	45	7 555 3780/3775
6 Personen	10	4 500	45	15	8 000 4335/3665
7 und mehr Personen	5	5 000	25	5	8 600 5000/3600
Haushalte, gesamt	2 820	3 105	8 755	1 425	7 090 3155/3935
		1959			
1 Person	1 740	3 340	5 815	—	—
2 Personen	990	3 755	3 715	815	7 840 3310/4530
3 Personen	135	4 110	555	420	8 045 3760/4285
4 Personen	45	4 335	195	160	8 280 4095/4185
5 Personen	20	4 750	95	45	8 555 4445/4110
6 Personen	10	5 500	55	15	9 000 5000/4000
7 und mehr Personen	5	6 000	30	5	9 000 5000/4000
Haushalte, gesamt	2 945	3 550	10 460	1 460	7 985 3585/4400

Die durch Schrägstrich getrennten Zahlen beziehen sich auf die jeweiligen Einkommensbezieher. Die Zahlen in Klammern stellen die jeweilige Zahl der

Haushaltsgröße und nach der Zahl der Einkommensbezieher

Eink.-Bez.	Haushalte mit 3 und mehr Eink.-Bez.			Haushalte, gesamt		
Gesamteink. Mill. DM	Anzahl 1000	Durchschnitts-Eink. DM	Gesamteink. Mill. DM	Anzahl 1000	Durchschnitts-Eink. DM	Gesamteink. Mill. DM
			1955			
—	—	—	—	1 615	2 250	3 635
4 290	—	—	—	1 685	3 915	6 600
1745/2545						
2 380	160	8 440	1 350	700	5 815	4 070
1050/1330	(320)	2315/3065	370/980			
855	125	8 640	1 080	315	6 555	2 065
400/455	(280)	2520/2730	315/765			
240	95	9 685	920	155	7 905	1 225
115/125	(250)	2685/2660	255/665			
95	45	10 335	465	70	8 500	595
50/45	(135)	2780/2520	125/340			
35	40	11 375	455	50	10 200	510
20/15	(140)	3000/2395	120/335			
7 895	465	9 185	4 270	4 590	4 075	18 700
3380/4515	(1125)	2550/2740	1185/3085			
			1957			
—	—	—	—	1 660	2 930	4 860
5 495	—	—	—	1 740	4 945	8 605
2325/3170						
3 000	175	10 370	1 815	725	7 275	5 275
1375/1625	(350)	2945/3715	515/1300			
1 105	140	11 395	1 595	335	8 565	2 870
535/570	(345)	3250/3305	455/1140			
340	100	12 600	1 265	165	10 240	1 690
170/170	(285)	3450/3230	345/920			
120	50	13 500	675	75	11 200	840
65/55	(160)	3600/3095	180/495			
45	40	14 750	590	50	13 200	660
25/20	(150)	3875/2900	155/435			
10 105	505	11 760	5 940	4 750	5 220	24 800
4495/5610	(1290)	3265/3325	1650/4290			
			1959			
—	—	—	—	1 740	3 340	5 815
6 390	—	—	—	1 805	5 600	10 105
2700/3690						
3 380	180	11 610	2 090	735	8 195	6 025
1580/1800	(360)	3415/4095	615/1475			
1 325	140	12 820	1 795	345	9 610	3 315
655/670	(355)	3570/3650	500/1295			
385	100	14 050	1 405	165	11 425	1 885
200/185	(290)	3900/3500	390/1015			
135	50	15 200	760	75	12 665	950
75/60	(165)	4000/3395	200/560			
45	45	16 220	730	55	14 635	805
25/20	(160)	4445/3315	200/530			
11 660	515	13 165	6 780	4 920	5 875	28 900
5235/6425	(1330)	3700/3665	1905/4875			

Durchschnitts- und Gesamteinkommen der Haushaltsvorstände bzw. der weiteren weiteren Einkommensbezieher in den einzelnen Gruppen dar.

Zahl und Nettoeinkommen aller Haushalte nach der Stellung

Monatliches Haushaltseinkommen in DM	Haushalte, insgesamt				Selbständiger			
	Zahl		Jahreshaushaltseinkommen		Zahl		Jahreshaushaltseinkommen	
	1000	vH	Mill. DM	vH	1000	vH	Mill. DM	vH
unter 100	574	3,5	597	0,5	8	0,3	9	0,0
100 — 150	871	5,3	1 385	1,2	13	0,5	21	0,1
150 — 200	957	5,8	2 075	1,9	24	0,8	53	0,2
200 — 250	1 030	6,3	2 842	2,6	45	1,6	126	0,4
250 — 300	1 073	6,6	3 589	3,2	73	2,6	247	0,8
300 — 350	1 130	6,9	4 459	4,0	109	3,9	437	1,4
350 — 400	1 227	7,5	5 551	5,0	136	4,8	623	2,1
400 — 450	1 161	7,1	5 945	5,4	161	5,7	830	2,7
450 — 500	1 088	6,6	6 225	5,6	174	6,1	1 001	3,3
500 — 550	996	6,1	6 273	5,7	179	6,3	1 136	3,7
550 — 600	874	5,3	6 025	5,4	180	6,4	1 248	4,1
600 — 650	754	4,6	5 651	5,1	167	5,9	1 259	4,1
650 — 700	637	3,9	5 152	4,6	155	5,5	1 258	4,1
700 — 750	530	3,2	4 601	4,2	138	4,9	1 205	4,0
750 — 800	435	2,7	4 040	3,6	123	4,3	1 148	3,8
800 — 900	696	4,2	7 071	6,4	203	7,2	2 069	6,8
900 — 1 000	552	3,4	6 262	5,6	174	6,1	1 973	6,5
1 000 — 1 100	424	2,6	5 326	4,8	144	5,1	1 811	5,9
1 100 — 1 200	327	2,0	4 494	4,1	123	4,3	1 690	5,5
1 200 — 1 300	244	1,5	3 645	3,3	100	3,5	1 496	4,9
1 300 — 1 400	190	1,2	3 059	2,8	82	2,9	1 324	4,3
1 400 — 1 500	150	0,9	2 596	2,3	69	2,4	1 194	3,9
1 500 — 1 750	177	1,1	3 447	3,1	95	3,4	1 860	6,1
1 750 — 2 000	124	0,8	2 780	2,5	68	2,4	1 524	5,0
2 000 und mehr	149	0,9	7 910	7,1	87	3,1	4 968	16,3
insgesamt	16 370	100,0	111 000	100,0	2 830	100,0	30 510	100,0
Haushaltsangehörige, gesamt	49 205	100,0	111 000	100,0	11 070	22,5	30 510	27,5
davon								
Haushaltsvorstände	16 370	100,0	78 400	100,0	2 830	17,3	24 410	31,1
weitere Einkommensbezieher	10 235	100,0	32 600	100,0	1 760	17,2	6 100	18,7
mithelfende Familienangehörige	2 985	100,0	—	—	2 985	100,0	—	—
sonstige Haushaltsangehörige	19 615	100,0	—	—	3 495	17,8	—	—
Durchschnittseinkommen			DM				DM	
je Haushalt			6 780				10 780	
je Einkommensbezieher			4 170				6 645	
je Haushaltsangehörigen			2 255				2 755	

1) Einschl. mithelfende Familienangehörige.

des Haushaltsvorstandes und nach Einkommensklassen 1955

Stellung des Haushaltsvorstandes											
Angestellter/Beamter				Arbeiter				Rentner			
Zahl		Jahreshaushaltseinkommen		Zahl		Jahreshaushaltseinkommen		Zahl		Jahreshaushaltseinkommen	
1000	vH	Mill. DM	vH	1000	vH	Mill. DM	vH	1000	vH	Mill. DM	vH
7	0,2	7	0,0	29	0,5	32	0,1	530	11,5	549	2,9
33	1,0	53	0,2	119	2,1	192	0,5	706	15,4	1 119	6,0
75	2,3	163	0,6	258	4,6	560	1,6	600	13,1	1 299	6,9
112	3,4	309	1,2	384	6,8	1 059	3,0	489	10,7	1 348	7,2
171	5,2	576	2,2	459	8,1	1 534	4,3	370	8,1	1 232	6,6
230	6,9	909	3,4	524	9,3	2 063	5,9	267	5,8	1 050	5,6
272	8,2	1 236	4,7	592	10,5	2 679	7,6	227	5,0	1 013	5,4
284	8,6	1 456	5,5	504	8,9	2 581	7,3	212	4,6	1 078	5,8
271	8,2	1 552	5,9	445	7,9	2 537	7,2	198	4,3	1 135	6,1
254	7,7	1 604	6,1	380	6,7	2 384	6,8	183	4,0	1 149	6,1
223	6,7	1 541	5,8	316	5,6	2 172	6,2	155	3,4	1 064	5,7
195	5,9	1 466	5,5	270	4,8	2 020	5,7	122	2,7	906	4,8
161	4,9	1 307	4,9	222	3,9	1 791	5,1	99	2,2	796	4,3
135	4,1	1 177	4,4	182	3,2	1 572	4,5	75	1,6	647	3,5
108	3,3	1 008	3,8	147	2,6	1 358	3,8	57	1,2	526	2,8
170	5,1	1 731	6,5	234	4,2	2 372	6,7	89	1,9	899	4,8
137	4,1	1 557	5,9	175	3,1	1 985	5,6	66	1,4	747	4,0
108	3,3	1 354	5,1	121	2,2	1 522	4,3	51	1,1	639	3,4
83	2,5	1 148	4,3	87	1,6	1 192	3,4	34	0,7	464	2,5
64	1,9	960	3,6	58	1,0	860	2,4	22	0,5	329	1,8
51	1,5	822	3,1	41	0,7	656	1,9	16	0,3	257	1,4
40	1,2	696	2,6	32	0,6	550	1,6	9	0,2	156	0,8
49	1,5	950	3,6	26	0,5	502	1,4	7	0,2	135	0,7
33	1,0	743	2,8	19	0,3	424	1,2	4	0,1	89	0,5
44	1,3	2 185	8,3	16	0,3	683	1,9	2	0,0	74	0,4
3 310	100,0	26 510	100,0	5 640	100,0	35 280	100,0	4 590	100,0	18 700	100,0
9 950	20,2	26 510	23,9	18 255	37,1	35 280	31,8	9 930	20,2	18 700	16,8
3 310	20,2	19 810	25,3	5 640	34,5	23 080	29,4	4 590	28,0	11 100	14,2
1 880	18,4	6 700	20,6	4 085	39,9	12 200	37,4	2 510	24,5	7 600	23,3
.	.	—	—	.	.	—	—	.	.	—	—
4 760[1]	24,3	—	—	8 530[1]	43,5	—	—	2 830[1]	14,4	—	—
DM				DM				DM			
8 010				6 255				4 075			
5 110				3 630				2 635			
2 665				1 935				1 885			

Zahl und Nettoeinkommen der 1-Personen-Haushalte nach der

Monatliches Haushaltseinkommen in DM	1-Personen-Haushalte, insgesamt				Selbständiger			
	Zahl		Jahreshaushaltseinkommen		Zahl		Jahreshaushaltseinkommen	
	1000	vH	Mill. DM	vH	1000	vH	Mill. DM	vH
unter 100	402	13,9	417	4,2	7	3,9	8	0,6
100— 150	518	18,0	825	8,3	9	5,0	14	1,1
150— 200	420	14,6	910	9,2	10	5,5	22	1,8
200— 250	338	11,7	934	9,4	11	6,1	31	2,5
250— 300	257	8,9	862	8,7	11	6,1	38	3,1
300— 350	188	6,5	743	7,5	12	6,7	48	3,9
350— 400	158	5,5	712	7,2	12	6,7	55	4,4
400— 450	134	4,7	686	6,9	13	7,2	67	5,4
450— 500	112	3,9	644	6,5	12	6,7	68	5,5
500— 550	85	2,9	536	5,4	11	6,1	70	5,6
550— 600	64	2,2	442	4,5	10	5,5	70	5,6
600— 650	50	1,7	375	3,8	9	5,0	68	5,5
650— 700	35	1,2	285	2,9	8	4,4	65	5,3
700— 750	25	0,9	219	2,2	7	3,9	61	4,9
750— 800	17	0,6	159	1,6	5	2,8	47	3,8
800— 900	23	0,8	236	2,4	7	3,9	72	5,8
900—1 000	16	0,6	185	1,9	6	3,3	69	5,6
1 000—1 100	12	0,4	153	1,5	5	2,8	64	5,2
1 100—1 200	8	0,3	111	1,1	4	2,2	56	4,5
1 200—1 300	6	0,2	91	0,9	3	1,7	45	3,6
1 300—1 400	4	0,1	67	0,7	2	1,1	34	2,7
1 400—1 500	3	0,1	53	0,5	1	0,6	19	1,5
1 500—1 750	4	0,1	82	0,8	2	1,1	41	3,3
1 750—2 000	3	0,1	67	0,7	1	0,6	23	1,9
2 000 und mehr	3	0,1	116	1,2	2	1,1	85	6,9
insgesamt	2 885	100,0	9 910	100,0	180	100,0	1 240	100,0
Haushaltsangehörige, gesamt	2 885	100,0	9 910	100,0	180	6,2	1 240	12,5
davon								
Haushaltsvorstände	2 885	100,0	9 910	100,0	180	6,2	1 240	12,5
weitere Einkommensbezieher	—	—	—	—	—	—	—	—
mithelfende Familienangehörige	—	—	—	—	—	—	—	—
sonstige Haushaltsangehörige	—	—	—	—	—	—	—	—
Durchschnittseinkommen			DM				DM	
je Haushalt			3 435				6 890	
je Einkommensbezieher			3 435				6 890	
je Haushaltsangehörigen			3 435				6 890	

Stellung des Haushaltsvorstandes und nach Einkommensklassen 1955

Stellung des Haushaltsvorstandes											
Angestellter/Beamter				Arbeiter				Rentner			
Zahl		Jahreshaushaltseinkommen		Zahl		Jahreshaushaltseinkommen		Zahl		Jahreshaushaltseinkommen	
1000	vH	Mill. DM	vH	1000	vH	Mill. DM	vH	1000	vH	Mill. DM	vH
3	0,6	3	0,1	13	2,3	14	0,6	379	23,5	392	10,8
18	3,5	29	1,0	48	8,4	77	3,5	443	27,4	705	19,4
33	6,4	72	2,6	71	12,3	155	7,0	306	18,9	661	18,2
41	8,0	113	4,0	82	14,3	228	10,2	204	12,6	562	15,5
50	9,7	168	6,0	78	13,6	262	11,8	118	7,3	394	10,8
53	10,3	208	7,4	72	12,5	283	12,7	51	3,2	204	5,6
55	10,8	247	8,8	62	10,8	280	12,6	29	1,8	130	3,6
54	10,5	274	9,8	45	7,8	231	10,4	22	1,4	114	3,1
44	8,5	250	8,9	38	6,6	216	9,7	18	1,1	110	3,0
36	7,0	226	8,0	24	4,2	150	6,7	14	0,9	90	2,5
29	5,6	199	7,1	16	2,8	110	4,9	9	0,6	63	1,7
25	4,8	186	6,6	10	1,7	75	3,4	6	0,4	46	1,3
17	3,3	137	4,9	6	1,0	48	2,1	4	0,2	35	1,0
11	2,1	95	3,4	4	0,7	35	1,6	3	0,2	28	0,8
8	1,5	74	2,6	2	0,3	19	0,9	2	0,1	19	0,5
10	1,9	102	3,6	3	0,5	31	1,4	3	0,2	31	0,8
7	1,3	80	2,8	1	0,2	11	0,5	2	0,1	25	0,7
5	1,0	63	2,2	.	.	.	.	2	0,1	26	0,7
4	0,8	55	2,0	.	.	.	.	.	.	.	.
3	0,6	46	1,6	.	.	.	.	.	.	.	.
2	0,4	33	1,2	.	.	.	.	.	.	.	.
2	0,4	34	1,2	.	.	.	.	.	.	.	.
2	0,4	41	1,5	.	.	.	.	.	.	.	.
2	0,4	44	1,6	.	.	.	.	.	.	.	.
1	0,2	31	1,1	.	.	.	.	.	.	.	.
515	100,0	2 810	100,0	575	100,0	2 225	100,0	1 615	100,0	3 635	100,0
515	17,9	2 810	28,3	575	19,9	2 225	22,5	1 615	56,0	3 635	36,7
515	17,9	2 810	28,3	575	19,9	2 225	22,5	1 615	56,0	3 635	36,7
—	—	—	—	—	—	—	—	—	—	—	—
—	—	—	—	—	—	—	—	—	—	—	—
—	—	—	—	—	—	—	—	—	—	—	—
DM				DM				DM			
5 455				3 870				2 250			
5 455				3 870				2 250			
5 455				3 870				2 250			

Zahl und Nettoeinkommen der 2-Personen-Haushalte nach der

Monatliches Haushaltseinkommen in DM	2-Personen-Haushalte, insgesamt				Selbständiger			
	Zahl		Jahreshaushaltseinkommen		Zahl		Jahreshaushaltseinkommen	
	1000	vH	Mill. DM	vH	1000	vH	Mill. DM	vH
unter 100	154	3,6	161	0,7	1	0,2	1	0,0
100 — 150	268	6,2	424	1,8	3	0,6	5	0,1
150 — 200	343	7,9	747	3,2	9	1,7	20	0,4
200 — 250	371	8,6	1 024	4,3	17	3,3	48	1,0
250 — 300	375	8,7	1 262	5,4	25	4,8	85	1,9
300 — 350	376	8,7	1 488	6,3	30	5,8	121	2,6
350 — 400	380	8,8	1 720	7,3	34	6,5	157	3,4
400 — 450	347	8,0	1 783	7,6	39	7,5	202	4,4
450 — 500	310	7,2	1 774	7,5	40	7,7	230	5,0
500 — 550	268	6,2	1 693	7,2	39	7,5	247	5,4
550 — 600	220	5,1	1 519	6,4	38	7,3	264	5,7
600 — 650	173	4,0	1 297	5,5	32	6,1	242	5,3
650 — 700	134	3,1	1 084	4,6	28	5,4	228	5,0
700 — 750	102	2,4	886	3,8	23	4,4	200	4,4
750 — 800	74	1,7	688	2,9	18	3,5	168	3,7
800 — 900	108	2,5	1 097	4,6	26	5,0	265	5,8
900 — 1 000	81	1,9	919	3,9	24	4,6	273	5,9
1 000 — 1 100	63	1,5	791	3,3	20	3,9	253	5,5
1 100 — 1 200	47	1,1	656	2,8	16	3,1	220	4,8
1 200 — 1 300	32	0,7	478	2,0	13	2,5	194	4,2
1 300 — 1 400	22	0,5	357	1,5	10	1,9	162	3,5
1 400 — 1 500	17	0,4	293	1,2	9	1,7	156	3,4
1 500 — 1 750	20	0,5	388	1,6	9	1,7	177	3,9
1 750 — 2 000	13	0,3	293	1,2	6	1,2	136	3,0
2 000 und mehr	17	0,4	793	3,4	11	2,1	536	11,7
insgesamt	4 315	100,0	23 615	100,0	520	100,0	4 590	100,0
Haushaltsangehörige, gesamt	8 630	100,0	23 615	100,0	1 040	12,1	4 590	19,4
davon								
Haushaltsvorstände	4 315	100,0	17 735	100,0	520	12,1	3 975	22,4
weitere Einkommensbezieher	1 675	100,0	5 880	100,0	160	9,5	615	10,5
mithelfende Familienangehörige	255	100,0	—	—	255	100,0	—	—
sonstige Haushaltsangehörige	2 385	100,0	—	—	105	4,4	—	—
Durchschnittseinkommen	DM				DM			
je Haushalt	5 475				8 825			
je Einkommensbezieher	3 940				6 750			
je Haushaltsangehörigen	2 735				4 415			

[1]) Einschl. mithelfende Familienangehörige.

Stellung des Haushaltsvorstandes und nach Einkommensklassen 1955

Stellung des Haushaltsvorstandes											
Angestellter/Beamter				Arbeiter				Rentner			
Zahl		Jahreshaushaltseinkommen		Zahl		Jahreshaushaltseinkommen		Zahl		Jahreshaushaltseinkommen	
1000	vH	Mill. DM	vH	1000	vH	Mill. DM	vH	1000	vH	Mill. DM	vH
4	0,5	4	0,1	7	0.5	8	0,1	142	8,4	148	2,2
10	1,2	16	0,3	31	2,4	50	0,7	224	13,3	353	5,3
22	2,8	48	0,9	83	6,3	181	2,6	229	13,6	498	7,5
33	4,2	91	1,7	114	8,6	314	4,6	207	12,3	571	8,7
47	5,9	159	2,9	136	10,3	457	6,7	167	9,9	561	8,5
64	8,1	253	4,6	155	11,7	612	8,9	127	7,5	502	7,6
78	9,9	354	6,4	164	12,4	740	10,8	104	6,1	469	7,1
79	10,0	406	7,3	133	10,1	682	9,9	96	5,7	493	7,5
74	9,4	423	7,6	111	8,4	634	9,2	85	5,0	487	7,4
66	8,4	417	7,5	87	6,6	548	8,0	76	4,5	481	7,3
54	6,8	373	6,7	69	5,2	475	6,9	59	3,5	407	6,2
44	5,5	330	6,0	55	4,2	411	6,0	42	2,5	314	4,8
33	4,2	267	4,8	41	3,1	331	4,8	32	1,9	258	3,9
27	3,4	235	4,2	30	2,3	259	3,8	22	1,3	192	2,9
22	2,8	205	3,7	21	1,6	194	2,8	13	0,8	121	1,8
30	3,8	305	5,5	32	2,4	324	4,7	20	1,2	203	3,1
24	3,0	272	4,9	20	1,5	227	3,3	13	0,8	147	2,2
19	2,4	237	4,3	14	1,1	175	2,5	10	0,6	126	1,9
16	2,0	229	4,1	8	0,6	109	1,6	7	0,4	98	1,5
11	1,4	164	3,0	4	0,3	59	0,9	4	0,2	61	0,9
8	1,0	129	2,3	1	0,1	16	0,2	3	0,2	50	0,8
6	0,8	102	1,8	1	0,1	17	0,2	1	0,1	18	0,3
7	0,9	134	2,4	3	0,2	57	0,8	1	0,1	20	0,3
6	0,8	135	2,4	.	.	.	.	1	0,1	22	0,3
6	0,8	257	4,6	.	.	.	.	.	.	.	.
790	100,0	5 545	100,0	1 320	100,0	6 880	100,0	1 685	100,0	6 600	100,0
1 580	18,3	5 545	23,5	2 640	30,6	6 880	29,1	3 370	39,0	6 600	28,0
790	18,3	4 490	25,3	1 321	30,6	5 215	29,4	1 685	39,0	4 055	22,9
250	14,9	1 055	17,9	500	29,9	1 665	28,3	765	45,7	2 545	43,3
.	.	—	—	.	.	—	—	.	.	—	—
540[1]	22,6	—	—	820[1]	34,4	—	—	920[1]	38,6	—	—
		DM				DM				DM	
		7 020				5 210				3 915	
		5 330				3 780				2 695	
		3 510				2 605				1 960	

Zahl und Nettoeinkommen der 3-Personen-Haushalte nach der

Monatliches Haushaltseinkommen in DM	3-Personen-Haushalte, insgesamt: Zahl 1000	vH	Jahreshaushaltseinkommen Mill. DM	vH	Selbständiger: Zahl 1000	vH	Jahreshaushaltseinkommen Mill. DM	vH
unter 100	13	0,4	14	0,1	.	.	.	.
100 — 150	62	1,6	99	0,4	1	0,2	2	0,0
150 — 200	129	3,4	279	1,0	4	0,7	9	0,2
200 — 250	184	4,9	510	1,9	11	1,8	31	0,5
250 — 300	245	6,5	821	3,1	19	3,2	64	1,1
300 — 350	300	7,9	1 177	4,4	29	4,9	116	2,0
350 — 400	344	9,1	1 558	5,8	34	5,7	155	2,6
400 — 450	330	8,7	1 691	6,3	41	6,9	210	3,6
450 — 500	305	8,1	1 748	6,5	41	6,9	239	4,0
500 — 550	280	7,4	1 764	6,6	40	6,7	254	4,3
550 — 600	248	6,6	1 710	6,4	39	6,5	270	4,6
600 — 650	213	5,6	1 596	5,9	36	6,1	271	4,6
650 — 700	179	4,7	1 446	5,4	34	5,7	276	4,7
700 — 750	143	3,8	1 239	4,6	29	4,9	253	4,3
750 — 800	114	3,0	1 056	3,9	25	4,2	233	3,9
800 — 900	175	4,6	1 777	6,6	39	6,5	398	6,7
900 — 1 000	132	3,5	1 495	5,6	32	5,4	364	6,1
1 000 — 1 100	98	2,6	1 229	4,6	27	4,5	339	5,7
1 100 — 1 200	74	2,0	1 016	3,8	23	3,9	317	5,4
1 200 — 1 300	53	1,4	789	3,0	18	3,0	269	4,6
1 300 — 1 400	41	1,1	657	2,4	16	2,7	257	4,3
1 400 — 1 500	30	0,8	519	1,9	13	2,2	225	3,8
1 500 — 1 750	35	0,9	682	2,5	19	3,2	371	6,3
1 750 — 2 000	24	0,6	537	2,0	11	1,8	247	4,2
2 000 und mehr	29	0,8	1 416	5,3	14	2,4	740	12,5
insgesamt	3 780	100,0	26 825	100,0	595	100,0	5 910	100,0
Haushaltsangehörige, gesamt	11 340	100,0	26 825	100,0	1 785	15,8	5 910	22,0
davon								
Haushaltsvorstände	3 780	100,0	18 490	100,0	595	15,8	4 930	26,7
weitere Einkommensbezieher	2 475	100,0	8 335	100,0	265	10,7	980	11,7
mithelfende Familienangehörige	480	100,0	—	—	480	100,0	—	—
sonstige Haushaltsangehörige	4 605	100,0	—	—	445	9,7	—	—
Durchschnittseinkommen	DM				DM			
je Haushalt	7 095				9 935			
je Einkommensbezieher	4 290				6 870			
je Haushaltsangehörigen	2 365				3 310			

[1]) Einschl. mithelfende Familienangehörige.

Stellung des Haushaltsvorstandes und nach Einkommensklassen 1955

Stellung des Haushaltsvorstandes											
Angestellter/Beamter				Arbeiter				Rentner			
Zahl		Jahreshaus-halts-einkommen		Zahl		Jahreshaus-halts-einkommen		Zahl		Jahreshaus-halts-einkommen	
1000	vH	Mill. DM	vH	1000	vH	Mill. DM	vH	1000	vH	Mill. DM	vH
.	.	.	.	6	0,4	7	0,1	7	1,0	7	0,2
3	0,3	5	0,1	28	1,8	45	0,5	30	4,3	47	1,1
12	1,4	26	0,4	67	4,2	145	1,5	46	6,6	99	2,4
22	2,5	61	0,8	98	6,1	271	2,8	53	7,6	147	3,6
42	4,8	142	2,0	129	8,1	432	4,5	55	7,9	183	4,5
63	7,1	249	3,5	152	9,5	595	6,2	56	8,0	217	5,3
75	8,5	343	4,8	176	11,0	797	8,2	59	8,4	263	6,5
78	8,8	402	5,6	154	9,6	789	8,2	57	8,1	290	7,1
73	8,3	420	5,8	135	8,4	769	8,0	56	8,0	320	7,9
69	7,8	437	6,1	119	7,4	748	7,7	52	7,4	325	8,0
64	7,2	444	6,2	100	6,3	689	7,1	45	6,4	307	7,5
56	6,3	423	5,9	85	5,3	635	6,6	36	5,1	267	6,6
48	5,4	391	5,4	68	4,3	547	5,7	29	4,1	232	5,7
41	4,6	358	5,0	52	3,3	449	4,6	21	3,0	179	4,4
31	3,5	290	4,0	41	2,6	377	3,9	17	2,4	156	3,8
48	5,4	490	6,8	63	3,9	637	6,6	25	3,6	252	6,2
38	4,3	433	6,0	44	2,7	496	5,1	18	2,6	202	5,0
29	3,3	365	5,1	29	1,8	362	3,7	13	1,9	163	4,0
22	2,5	303	4,2	20	1,2	273	2,8	9	1,3	123	3,0
17	1,9	255	3,6	13	0,8	190	2,0	5	0,7	75	1,8
13	1,5	210	2,9	8	0,5	127	1,3	4	0,6	63	1,5
10	1,1	174	2,4	5	0,3	85	0,9	2	0,3	35	0,9
11	1,2	215	3,0	3	0,2	57	0,6	2	0,3	39	1,0
8	0,9	180	2,5	3	0,2	66	0,7	2	0,3	44	1,1
12	1,4	569	7,9	2	0,1	72	0,7	1	0,1	35	0,9
885	100,0	7 185	100,0	1 600	100,0	9 660	100,0	700	100,0	4 070	100,0
2 655	23,4	7 185	26,8	4 800	42,3	9 660	36,0	2 100	18,5	4 070	15,2
885	23,4	5 305	28,7	1 600	42,3	6 495	35,1	700	18,5	1 760	9,5
485	19,6	1 880	22,6	990	40,0	3 165	38,0	735	29,7	2 310	27,7
.	.	—	—	.	.	—	—	.	.	—	—
1 285 1)	27,9	—	—	2 210 1)	48,0	—	—	665 1)	1,4	—	—
DM 8 120 5 245 2 780				DM 6 040 3 730 2 015				DM 5 815 2 835 1 940			

Zahl und Nettoeinkommen der 4-Personen-Haushalte nach der

Monatliches Haushaltseinkommen in DM	4-Personen-Haushalte, insgesamt: Zahl 1000	vH	Jahreshaushaltseinkommen Mill. DM	vH	Selbständiger: Zahl 1000	vH	Jahreshaushaltseinkommen Mill. DM	vH
unter 100	5	0,2	5	0,0	.	.	.	.
100 — 150	22	0,8	35	0,2	.	.	.	.
150 — 200	51	1,8	111	0,5	1	0,2	2	0,0
200 — 250	97	3,5	266	1,2	4	0,7	11	0,2
250 — 300	129	4,7	427	1,9	11	1,8	37	0,6
300 — 350	170	6,1	668	2,9	22	3,7	87	1,3
350 — 400	214	7,7	963	4,2	31	5,1	141	2,1
400 — 450	211	7,6	1 077	4,7	35	5,8	180	2,7
450 — 500	205	7,4	1 168	5,1	39	6,5	223	3,4
500 — 550	198	7,1	1 249	5,4	40	6,7	254	3,9
550 — 600	182	6,6	1 255	5,4	39	6,5	270	4,1
600 — 650	163	5.9	1 221	5,3	36	6,0	272	4,2
650 — 700	145	5,2	1 173	5,1	33	5,5	268	4,1
700 — 750	127	4,6	1 101	4,8	31	5,2	270	4,1
750 — 800	111	4,0	1 030	4,5	29	4,8	271	4,1
800 — 900	174	6,3	1 764	7,6	46	7,7	469	7,1
900 — 1 000	137	4,9	1 552	6,7	37	6,2	419	6,4
1 000 — 1 100	105	3,8	1 320	5,7	31	5,2	390	5,9
1 100 — 1 200	79	2,8	1 072	4,6	26	4,3	356	5,4
1 200 — 1 300	58	2,1	863	3,7	22	3,7	327	5,0
1 300 — 1 400	48	1,7	772	3,3	19	3,2	306	4,7
1 400 — 1 500	37	1,3	647	2,8	14	2,3	243	3,7
1 500 — 1 750	42	1,5	815	3,5	20	3,3	390	5,9
1 750 — 2 000	30	1,1	668	2,9	16	2,6	356	5,4
2 000 und mehr	35	1,3	1 843	8,0	18	3,0	1 028	15,7
insgesamt	2 775	100,0	23 065	100,0	600	100,0	6 570	100,0
Haushaltsangehörige, gesamt	11 100	100,0	23 065	100,0	2 400	21,6	6 570	28,5
davon Haushaltsvorstände	2 775	100,0	15 365	100,0	600	21,6	5 285	34,4
weitere Einkommensbezieher	2 380	100,0	7 700	100,0	360	15,1	1 285	16,7
mithelfende Familienangehörige	680	100,0	—	—	680	100,0	—	—
sonstige Haushaltsangehörige	5 265	100,0	—	—	760	14,4	—	—
Durchschnittseinkommen			DM				DM	
je Haushalt			8 310				10 950	
je Einkommensbezieher			4 475				6 845	
je Haushaltsangehörigen			2 080				2 740	

1) Einschl. mithelfende Familienangehörige.

Stellung des Haushaltsvorstandes und nach Einkommensklassen 1955

Stellung des Haushaltsvorstandes											
Angestellter/Beamter				Arbeiter				Rentner			
Zahl		Jahreshaus-halts-einkommen		Zahl		Jahreshaus-halts-einkommen		Zahl		Jahreshaus-halts-einkommen	
1000	vH	Mill. DM	vH	1000	vH	Mill. DM	vH	1000	vH	Mill. DM	vH
.	.	.	.	3	0,3	3	0,0	2	0,6	2	0,1
2	0,3	3	0,0	11	0,9	18	0,2	9	2,9	14	0,7
7	1,0	15	0,2	28	2,4	61	0,7	15	4,8	33	1,6
12	1,8	33	0,5	63	5,3	173	2,1	18	5,7	49	2,4
23	3,4	76	1,2	74	6,2	247	3,0	21	6,7	67	3,2
35	5,2	139	2,2	92	7,8	362	4,4	21	6,7	80	3,9
43	6,4	196	3,2	118	10,0	532	6,5	22	7,0	94	4,5
49	7,3	252	4,1	104	8,8	533	6,5	23	7,3	112	5,4
50	7,4	286	4,6	93	7,8	531	6,5	23	7,3	128	6,2
49	7,3	310	5,0	85	7,2	537	6,5	24	7,6	148	7,2
45	6,7	312	5,0	75	6,3	517	6,3	23	7,3	156	7,6
42	6,2	316	5,1	66	5,6	495	6,0	19	6,0	138	6,7
38	5,6	309	5,0	58	4,9	469	5,7	16	5,1	127	6,1
34	5,0	296	4,8	50	4,2	433	5,3	12	3,8	102	4,9
28	4,1	262	4,2	44	3,7	407	5,0	10	3,2	90	4,4
46	6,8	468	7,5	65	5,5	658	8,0	17	5,4	169	8,2
38	5,6	433	7,0	50	4,2	566	6,9	12	3,8	134	6,5
31	4,6	390	6,3	33	2,9	416	5,1	10	3,2	124	6,0
23	3,4	310	5,0	23	1,9	315	3,8	7	2,2	91	4,4
18	2,7	269	4,3	14	1,2	209	2,6	4	1,3	58	2,8
15	2,2	242	3,9	12	1,0	192	2,3	2	0,6	32	1,5
12	1,8	214	3,4	9	0,8	155	1,9	2	0,6	35	1,7
15	2,2	289	4,7	6	0,5	116	1,4	1	0,3	20	1,0
8	1,2	179	2,9	5	0,4	110	1,3	1	0,3	23	1,1
12	1,8	616	9,9	4	0,3	160	2,0	1	0,3	39	1,9

675	100,0	6 215	100,0	1 185	100,0	8 215	100,0	315	100,0	2 065	100,0
2 700	24,3	6 215	26,9	4 740	42,7	8 215	35,6	1 260	11,4	2 065	9,0
675	24,3	4 270	27,8	1 185	42,7	4 965	32,3	315	11,4	845	5,5
540	22,7	1 945	25,3	1 055	44,3	3 250	42,2	425	17,9	1 220	15,8
.	.	—	—	.	.	—	—	.	.	—	—
1 485[1)]	28,2	—	—	2 500[1)]	47,5	—	—	520[1)]	9,9	—	—

Angestellter/Beamter	Arbeiter	Rentner
DM	DM	DM
9 205	6 005	6 555
5 115	3 710	2 790
2 300	1 735	1 640

Zahl und Nettoeinkommen der 5-Personen-Haushalte nach der

Monatliches Haushalts-einkommen in DM	5-Personen-Haushalte, insgesamt: Zahl 1000	Zahl vH	Jahreshaus-halts-einkommen Mill. DM	Jahreshaus-halts-einkommen vH	Selbständiger: Zahl 1000	Zahl vH	Jahreshaus-halts-einkommen Mill. DM	Jahreshaus-halts-einkommen vH
unter 100	.	.	.	.	.	.	.	.
100 — 150	1	0,1	2	0,0	.	.	.	.
150 — 200	10	0,7	20	0,1	.	.	.	.
200 — 250	32	2,3	87	0,6	2	0,5	5	0,1
250 — 300	45	3,2	148	1,1	5	1,2	17	0,3
300 — 350	60	4,2	235	1,7	11	2,6	44	0,9
350 — 400	84	5,9	378	2,7	14	3,3	64	1,2
400 — 450	86	6,1	437	3,1	18	4,3	93	1,8
450 — 500	93	6,5	530	3,8	22	5,2	126	2,4
500 — 550	94	6,6	591	4,3	24	5,7	152	2,9
550 — 600	89	6,3	610	4,4	24	5,7	166	3,2
600 — 650	84	5,9	629	4,5	23	5,5	172	3,3
650 — 700	77	5,4	621	4,5	23	5,5	185	3,6
700 — 750	70	4,9	609	4,4	22	5,2	195	3,8
750 — 800	63	4,4	586	4,2	21	5,0	196	3,8
800 — 900	113	8,0	1 150	8,3	36	8,6	367	7,1
900 — 1 000	95	6,7	1 078	7,8	32	7,6	364	7,0
1 000 — 1 100	74	5,2	932	6,7	26	6,2	327	6,3
1 100 — 1 200	57	4,0	782	5,6	23	5,5	314	6,1
1 200 — 1 300	46	3,2	688	5,0	19	4,5	285	5,5
1 300 — 1 400	35	2,5	563	4,1	15	3,6	242	4,7
1 400 — 1 500	29	2,1	499	3,6	13	3,1	224	4,3
1 500 — 1 750	32	2,2	625	4,5	17	4,0	335	6,5
1 750 — 2 000	23	1,6	514	3,7	13	3,1	290	5,6
2 000 und mehr	28	2,0	1 561	11,3	17	4,1	1 017	19,6
insgesamt	1 420	100,0	13 875	100,0	420	100,0	5 180	100,0
Haushaltsangehörige, gesamt	7 100	100,0	13 875	100,0	2 100	29,6	5 180	37,3
davon								
Haushaltsvorstände	1 420	100,0	8 605	100,0	420	29,6	3 895	45,3
weitere Einkommensbezieher	1 745	100,0	5 270	100,0	375	21,5	1 285	24,4
mithelfende Familienangehörige	575	100,0	—	—	575	100,0	—	—
sonstige Haushaltsangehörige	3 360	100,0	—	—	730	21,7	—	—
Durchschnittseinkommen	DM				DM			
je Haushalt	9 770				12 335			
je Einkommensbezieher	4 385				6 515			
je Haushaltsangehörigen	1 955				2 465			

1) Einschl. mithelfende Familienangehörige.

Stellung des Haushaltsvorstandes und nach Einkommensklassen 1955

Stellung des Haushaltsvorstandes											
Angestellter/Beamter				Arbeiter				Rentner			
Zahl		Jahreshaushaltseinkommen		Zahl		Jahreshaushaltseinkommen		Zahl		Jahreshaushaltseinkommen	
1000	vH	Mill. DM	vH	1000	vH	Mill. DM	vH	1000	vH	Mill. DM	vH
.	.	.	.	.	.	.	.	.	.	.	.
.	.	.	.	1	0,2	2	0,0	.	.	.	.
1	0,4	2	0,1	6	1,1	12	0,3	3	1,9	6	0,5
4	1,4	11	0,4	21	3,7	57	1,2	5	3,2	14	1,1
7	2,5	24	0,8	27	4,8	89	1,9	6	3,9	18	1,5
10	3,6	40	1,4	31	5,5	120	2,6	8	5,2	31	2,5
14	5,0	64	2,2	47	8,3	211	4,6	9	5,8	39	3,2
16	5,7	82	2,9	42	7,4	213	4,6	10	6,4	49	4,0
20	7,1	115	4,0	41	7,2	232	5,0	10	6,4	57	4,7
20	7,1	127	4,4	39	6,9	244	5,3	11	7,1	68	5,5
19	6,8	131	4,6	34	6,0	231	5,0	12	7,7	82	6,7
17	6,1	128	4,5	33	5,9	247	5,4	11	7,1	82	6,7
15	5,4	122	4,3	29	5,1	234	5,1	10	6,5	80	6,5
13	4,6	113	3,9	27	4,8	232	5,0	8	5,2	69	5,6
12	4,3	112	3,9	23	4,1	213	4,6	7	4,5	65	5,3
23	8,2	234	8,2	42	7,4	427	9,3	12	7,7	122	10,0
19	6,8	216	7,5	34	6,0	385	8,4	10	6,5	113	9,2
16	5,7	200	7,0	24	4,2	305	6,6	8	5,2	100	8,2
11	3,9	152	5,3	18	3,2	247	5,4	5	3,2	69	5,6
10	3,6	150	5,2	13	2,3	193	4,2	4	2,6	60	4,9
8	2,9	129	4,5	9	1,6	144	3,1	3	1,9	48	3,9
6	2,1	103	3,6	8	1,4	138	3,0	2	1,3	34	2,8
8	2,9	155	5,4	6	1,1	116	2,5	1	0,7	19	1,6
4	1,4	88	3,1	6	1,1	136	3,0	.	.	.	.
7	2,5	367	12,8	4	0,7	177	3,9	.	.	.	.
280	100,0	2 865	100,0	565	100,0	4 605	100,0	155	100,0	1 225	100,0
1 400	19,7	2 865	20,8	2 825	39,8	4 605	33,2	775	10,9	1 225	8,8
280	19,7	1 850	21,5	565	39,8	2 425	28,2	155	10,9	435	5,0
320	18,3	1 015	19,3	760	43,6	2 180	41,3	290	16,6	790	15,0
.	.	—	—	.	.	—	—	.	.	—	—
800 1)	23,8	—	—	1 500 1)	44,7	—	—	330 1)	9,8	—	—
DM				DM				DM			
10 230				8 150				7 905			
4 775				3 475				2 755			
2 045				1 630				1 580			

Zahl und Nettoeinkommen der 6-Personen-Haushalte nach der

Monatliches Haushaltseinkommen in DM	6-Personen-Haushalte, insgesamt				Selbständiger			
	Zahl		Jahreshaushaltseinkommen		Zahl		Jahreshaushaltseinkommen	
	1000	vH	Mill. DM	vH	1000	vH	Mill. DM	vH
unter 100	.	.	.	.	.	.	.	.
100 — 150	.	.	.	.	.	.	.	.
150 — 200	3	0,5	6	0,1	.	.	.	.
200 — 250	6	0,9	16	0,2	.	.	.	.
250 — 300	14	2,1	42	0,6	1	0,4	3	0,1
300 — 350	24	3,6	100	1,4	3	1,2	13	0,4
350 — 400	31	4,6	146	2,0	7	2,7	32	0,9
400 — 450	33	4,9	169	2,3	8	3,1	42	1,2
450 — 500	40	6,0	228	3,1	11	4,2	63	1,9
500 — 550	43	6,4	265	3,7	14	5,4	90	2,7
550 — 600	42	6,3	290	4,0	16	6,1	111	3,3
600 — 650	41	6,1	309	4,3	16	6,1	121	3,6
650 — 700	38	5,7	308	4,3	15	5,8	122	3,6
700 — 750	35	5,2	304	4,2	13	5,0	112	3,3
750 — 800	29	4,3	269	3,7	13	5,0	121	3,6
800 — 900	55	8,2	558	7,7	26	10,0	263	7,8
900 — 1 000	49	7,3	554	7,7	22	8,5	246	7,3
1 000 — 1 100	38	5,7	474	6,5	17	6,5	211	6,3
1 100 — 1 200	33	4,9	457	6,3	16	6,1	220	6,5
1 200 — 1 300	24	3,6	360	5,0	11	4,2	165	4,9
1 300 — 1 400	20	3,0	321	4,4	9	3,5	145	4,3
1 400 — 1 500	17	2,5	291	4,0	8	3,1	136	4,0
1 500 — 1 750	22	3,3	426	5,9	13	5,0	253	7,5
1 750 — 2 000	15	2,2	343	4,7	9	3,5	203	6,0
2 000 und mehr	18	2,7	1 009	13,9	12	4,6	703	20,8
insgesamt	670	100,0	7 245	100,0	260	100,0	3 375	100,0
Haushaltsangehörige, gesamt	4 020	100,0	7 245	100,0	1 560	38,8	3 375	46,6
davon Haushaltsvorstände	670	100,0	4 460	100,0	260	38,8	2 530	56,7
weitere Einkommensbezieher	980	100,0	2 785	100,0	260	26,5	845	30,4
mithelfende Familienangehörige	440	100,0	—	—	440	100,0	—	—
sonstige Haushaltsangehörige	1 930	100,0	—	—	600	31,1	—	—
Durchschnittseinkommen	DM				DM			
je Haushalt	10 815				12 980			
je Einkommensbezieher	4 390				6 490			
je Haushaltsangehörigen	1 800				2 165			

1) Einschl. mithelfende Familienangehörige.

Stellung des Haushaltsvorstandes und nach Einkommensklassen 1955

Stellung des Haushaltsvorstandes											
Angestellter/Beamter				Arbeiter				Rentner			
Zahl		Jahreshaus-halts-einkommen		Zahl		Jahreshaus-halts-einkommen		Zahl		Jahreshaus-halts-einkommen	
1000	vH	Mill. DM	vH	1000	vH	Mill. DM	vH	1000	vH	Mill. DM	vH
.	.	.	.	.	.	.	.	.	.	.	.
.	.	.	.	.	.	.	.	.	.	.	.
.	.	.	.	2	0,8	4	0,2	1	1,4	2	0,3
.	.	.	.	4	1,7	11	0,5	2	2,8	5	0,8
1	0,9	3	0,3	10	4,2	30	1,4	2	2,8	6	1,0
3	2,9	12	1,0	15	6,4	63	3,0	3	4,3	12	2,0
4	3,8	18	1,5	17	7,3	82	3,9	3	4,3	14	2,4
5	4,7	25	2,2	17	7,3	87	4,1	3	4,3	15	2,5
7	6,7	40	3,4	18	7,6	103	4,9	4	5,7	22	3,7
9	8,5	56	4,8	16	6,8	95	4,5	4	5,7	24	4,0
8	7,6	55	4,7	13	5,5	89	4,2	5	7,2	35	5,9
8	7,6	61	5,2	12	5,1	90	4,3	5	7,2	37	6,2
7	6,7	57	4,9	11	4,7	89	4,2	5	7,2	40	6,7
6	5,7	54	4,6	10	4,3	87	4,1	6	8,6	51	8,6
4	3,8	37	3,2	8	3,4	74	3,5	4	5,7	37	6,2
8	7,6	82	7,0	16	6,8	163	7,7	5	7,2	50	8,4
7	6,7	78	6,7	15	6,4	173	8,2	5	7,2	57	9,6
5	4,7	62	5,3	12	5,1	151	7,2	4	5,7	50	8,4
4	3,8	58	5,0	10	4,3	138	6,6	3	4,3	41	6,9
3	2,9	46	4,0	8	3,4	119	5,6	2	2,8	30	5,1
3	2,9	48	4,1	6	2,5	96	4,5	2	2,8	32	5,4
3	2,9	52	4,5	5	2,1	86	4,1	1	1,4	17	2,9
4	3,8	77	6,6	4	1,7	78	3,7	1	1,4	18	3,0
3	2,9	73	6,3	3	1,3	67	3,2	,	.	.	,
3	2,9	171	14,7	3	1,3	135	6,4	.	.	.	,
105	100,0	1 165	100,0	235	100,0	2 110	100,0	70	100,0	595	100,0
630	15,7	1 165	16,1	1 410	35,1	2 110	29,1	420	10,4	595	8,2
105	15,7	685	15,4	235	35,1	1 035	23,2	70	10,4	210	4,7
160	16,3	480	17,2	410	41,9	1 075	38,6	150	15,3	385	13,8
.	.	—	—	.	.	—	—	.	.	—	—
365 1)	18,9	—	—	765 1)	36,9	—	—	200 1)	10,4	—	—
		DM				DM				DM	
		11 095				8 980				8 500	
		4 395				3 270				2 705	
		1 850				1 495				1 415	

Zahl und Nettoeinkommen der 7-und mehr-Personen-Haushalte nach der

Monatliches Haushaltseinkommen in DM	7- und mehr-Personen-Haushalte, insgesamt				Selbständiger			
	Zahl		Jahreshaushaltseinkommen		Zahl		Jahreshaushaltseinkommen	
	1000	vH	Mill. DM	vH	1000	vH	Mill. DM	vH
unter 100	.	.	.	.	.	.	.	.
100 — 150	.	.	.	.	.	.	.	.
150 — 200	1	0,2	2	0,0	.	.	.	.
200 — 250	2	0,4	5	0,1	.	.	.	.
250 — 300	8	1,5	27	0,4	1	0,4	3	0,1
300 — 350	12	2,3	48	0,7	2	0,8	8	0,2
350 — 400	16	3,1	74	1,1	4	1,6	19	0,5
400 — 450	20	3,8	102	1,6	7	2,7	36	1,0
450 — 500	23	4,4	133	2,1	9	3,5	52	1,4
500 — 550	28	5,3	175	2,7	11	4,3	69	1,9
550 — 600	29	5,5	199	3,1	14	5,5	97	2,7
600 — 650	30	5,7	224	3,5	15	5,9	113	3,1
650 — 700	29	5,5	235	3,6	14	5,5	114	3,1
700 — 750	28	5,3	243	3,8	13	5,1	114	3,1
750 — 800	27	5,1	252	3,9	12	4,7	112	3,1
800 — 900	48	9,2	489	7,6	23	9,0	235	6,5
900 — 1 000	42	8,0	479	7,4	21	8,2	238	6,5
1 000 — 1 100	34	6,5	427	6,6	18	7,1	227	6,2
1 100 — 1 200	29	5,5	400	6,2	15	5,9	207	5,7
1 200 — 1 300	25	4,8	376	5,8	14	5,5	211	5,8
1 300 — 1 400	20	3,8	322	5,0	11	4,3	178	4,9
1 400 — 1 500	17	3,2	294	4,6	11	4,3	191	5,2
1 500 — 1 750	22	4,2	429	6,6	15	5,9	293	8,0
1 750 — 2 000	16	3,1	358	5,5	12	4,7	269	7,4
2 000 und mehr	19	3,6	1 172	18,1	13	5,1	859	23,6
insgesamt	525	100,0	6 465	100,0	255	100,0	3 645	100,0
Haushaltsangehörige, gesamt	4 130	100,0	6 465	100,0	2 005	48,6	3 645	56,4
davon								
Haushaltsvorstände	525	100,0	3 835	100,0	255	48,6	2 555	66,6
weitere Einkommensbezieher	980	100,0	2 630	100,0	340	34,7	1 090	41,4
mithelfende Familienangehörige	555	100,0	—	—	555	100,0	—	—
sonstige Haushaltsangehörige	2 070	100,0	—	—	855	41,3	—	=
Durchschnittseinkommen	DM				DM			
je Haushalt	12 315				14 295			
je Einkommensbezieher	4 295				6 125			
je Haushaltsangehörigen	1 565				1 820			

[1]) Einschl. mithelfende Familienangehörige.

Stellung des Haushaltsvorstandes und nach Einkommensklassen 1955

Stellung des Haushaltsvorstandes											
Angestellter/Beamter				Arbeiter				Rentner			
Zahl		Jahreshaushaltseinkommen		Zahl		Jahreshaushaltseinkommen		Zahl		Jahreshaushaltseinkommen	
1000	vH	Mill. DM	vH	1000	vH	Mill. DM	vH	1000	vH	Mill. DM	vH
.	.	.	.	.	.	.	.	.	.	.	.
.	.	.	.	.	.	.	.	.	.	.	.
.	.	.	.	1	0,6	2	0,1	.	.	.	.
.	.	.	.	2	1,3	5	0,3	.	.	.	.
1	1,7	4	0,5	5	3,1	17	1,1	1	2,0	3	0,6
2	3,3	8	1,1	7	4,4	28	1,8	1	2,0	4	0,8
3	5,0	14	1,9	8	5,0	37	2,3	1	2,0	4	0,8
3	5,0	15	2,1	9	5,6	46	2,9	1	2,0	5	1,0
3	5,0	18	2,5	9	5,6	52	3,3	2	4,0	11	2,2
5	8,4	31	4,3	10	6,3	62	3,9	2	4,0	13	2,5
4	6,7	27	3,7	9	5,6	61	3,9	2	4,0	14	2,8
3	5,0	22	3,0	9	5,6	67	4,2	3	6,0	22	4,3
3	5,0	24	3,3	9	5,6	73	4,6	3	6,0	24	4,7
3	5,0	26	3,6	9	5,6	77	4,9	3	6,0	26	5,1
3	5,0	28	3,9	8	5,0	74	4,7	4	8,0	38	7,5
5	8,3	50	6,9	13	8,1	132	8,3	7	14,0	72	14,1
4	6,7	45	6,2	11	6,9	127	8,0	6	12,0	69	13,5
3	5,0	37	5,1	9	5,6	113	7,1	4	8,0	50	9,8
3	5,0	41	5,7	8	5,0	110	6,9	3	6,0	42	8,2
2	3,3	30	4,1	6	3,8	90	5,7	3	6,0	45	8,8
2	3,3	31	4,3	5	3,1	81	5,1	2	4,0	32	6,3
1	1,7	17	2,3	4	2,5	69	4,4	1	2,0	17	3,3
2	3,3	39	5,4	4	2,5	78	4,9	1	2,0	19	3,7
2	3,3	44	6,1	2	1,3	45	2,8	.	.	.	.
3	5,0	174	24,0	3	1,9	139	8,8	.	.	.	.
60	100,0	725	100,0	160	100,0	1 585	100,0	50	100,0	510	100,0
470	11,4	725	11,2	1 265	30,6	1 585	24,5	390	9,4	510	7,9
60	11,4	400	10,4	160	30,5	720	18,8	50	9,5	160	4,2
125	12,8	325	12,4	370	37,7	865	32,9	145	14,8	350	13,3
.	.	—	—	.	.	—	—	.	.	—	—
285 1)	13,8	—	—	735 1)	35,5	—	—	195 1)	9,4	—	—
DM 12 085 3 920 1 545				DM 9 900 2 990 1 255				DM 10 200 2 615 1 310			

Zahl und Nettoeinkommen aller Haushalte nach der

Monatliches Haushaltseinkommen in DM	Haushalte, insgesamt				Selbständiger			
	Zahl		Jahreshaushaltseinkommen		Zahl		Jahreshaushaltseinkommen	
	1000	vH	Mill. DM	vH	1000	vH	Mill. DM	vH
unter 100	50	0,3	52	0,0	1	0,0	1	0,0
100 — 150	451	2,6	719	0,5	2	0,1	3	0,0
150 — 200	586	3,4	1 265	0,8	4	0,1	9	0,0
200 — 250	675	3,9	1 859	1,2	8	0,3	22	0,1
250 — 300	723	4,2	2 418	1,5	14	0,5	49	0,1
300 — 350	781	4,5	3 080	1,9	24	0,8	99	0,2
350 — 400	887	5,2	4 013	2,5	37	1,3	170	0,4
400 — 450	1 024	5,9	5 243	3,3	50	1,8	258	0,6
450 — 500	1 105	6,4	6 293	3,9	71	2,5	409	0,9
500 — 550	1 083	6,3	6 832	4,3	94	3,3	596	1,4
550 — 600	1 006	5,9	6 943	4,4	110	3,9	765	1,8
600 — 650	907	5,3	6 791	4,3	127	4,4	955	2,2
650 — 700	808	4,7	6 533	4,1	137	4,8	1 110	2,5
700 — 750	714	4,2	6 198	3,8	142	5,0	1 236	2,8
750 — 800	621	3,6	5 750	3,6	137	4,8	1 277	2,9
800 — 900	1 047	6,1	10 696	6,7	230	8,1	2 385	5,5
900 — 1 000	900	5,2	10 229	6,4	218	7,6	2 483	5,7
1 000 — 1 100	759	4,4	9 502	6,0	203	7,1	2 558	5,9
1 100 — 1 200	634	3,7	8 702	5,5	188	6,6	2 578	5,9
1 200 — 1 300	507	2,9	7 574	4,8	168	5,9	2 485	5,7
1 300 — 1 400	420	2,4	6 762	4,3	150	5,3	2 413	5,5
1 400 — 1 500	347	2,0	6 052	3,8	133	4,7	2 298	5,3
1 500 — 1 750	426	2,5	8 209	5,2	198	6,9	3 796	8,7
1 750 — 2 000	334	1,9	7 480	4,7	162	5,7	3 630	8,3
2 000 und mehr	430	2,5	19 805	12,5	242	8,5	12 015	27,6
insgesamt	17 225	100,0	159 000	100,0	2 850	100,0	43 600	100,0
Haushaltsangehörige, gesamt	51 745	100,0	159 000	100,0	11 150	21,5	43 600	27,4
davon Haushaltsvorstände	17 225	100,0	111 400	100,0	2 850	16,5	35 100	31,5
weitere Einkommensbezieher	11 290	100,0	47 600	100 0	1 825	16,2	8 500	17,9
mithelfende Familienangehörige	2 840	100,0	—	—	2 840	100,0	—	—
sonstige Haushaltsangehörige	20 390	100,0	—	—	3 635	17,8	—	—
Durchschnittseinkommen			DM				DM	
je Haushalt			9 230				15 300	
je Einkommensbezieher			5 575				9 325	
je Haushaltsangehörigen			3 070				3 910	

1) Einschl. mithelfende Familienangehörige.

Stellung des Haushaltsvorstandes und nach Einkommensklassen 1959

Stellung des Haushaltsvorstandes											
Angestellter/Beamter				Arbeiter				Rentner			
Zahl		Jahreshaus-halts-einkommen		Zahl		Jahreshaus-halts-einkommen		Zahl		Jahreshaus-halts-einkommen	
1000	vH	Mill. DM	vH	1000	vH	Mill. DM	vH	1000	vH	Mill. DM	vH
.	.	.	.	.	.	.	.	49	1,0	51	0,2
5	0,1	8	0,0	17	0,3	28	0,1	427	8,7	680	2,3
23	0,7	49	0,1	66	1,1	145	0,3	493	10,0	1 062	3,7
41	1,2	114	0,3	127	2,2	352	0,7	499	10,1	1 371	4,7
76	2,1	254	0,7	208	3,5	697	1,4	425	8,6	1 418	4,9
119	3,3	469	1,2	300	5,1	1 187	2,4	338	6,9	1 325	4,6
159	4,4	717	1,9	402	6,9	1 825	3,7	289	5,9	1 301	4,5
206	5,7	1 051	2,8	494	8,4	2 537	5,2	274	5,6	1 397	4,8
234	6,5	1 329	3,5	535	9,1	3 043	6,3	265	5,4	1 512	5,2
250	7,0	1 573	4,2	481	8,2	3 040	6,3	258	5,3	1 623	5,6
240	6,7	1 651	4,4	424	7,2	2 933	6,0	232	4,7	1 594	5,5
220	6,1	1 642	4,3	369	6,3	2 769	5,7	191	3,9	1 425	4,9
197	5,5	1 590	4,2	306	5,2	2 479	5,1	168	3,4	1 354	4,7
176	4,9	1 524	4,0	262	4,5	2 278	4,7	134	2,7	1 160	4,0
155	4,3	1 438	3,8	220	3,8	2 027	4,2	109	2,2	1 008	3,5
259	7,2	2 633	7,0	373	6,4	3 803	7,8	185	3,8	1 875	6,5
223	6,2	2 529	6,7	308	5,3	3 501	7,2	151	3,1	1 716	5,9
191	5,3	2 390	6,3	247	4,2	3 070	6,3	118	2,4	1 484	5,1
164	4,6	2 249	5,9	197	3,4	2 710	5,6	85	1,7	1 165	4,0
136	3,8	2 029	5,4	143	2,4	2 161	4,4	60	1,2	899	3,1
111	3,1	1 788	4,7	113	1,9	1 820	3,7	46	0,9	741	2,6
88	2,5	1 574	4,2	90	1,5	1 553	3,2	36	0,7	627	2,1
112	3,1	2 166	5,7	76	1,3	1 472	3,0	40	0,8	775	2,9
87	2,4	1 948	5,2	57	1,0	1 276	2,6	28	0,6	626	2,2
118	3,3	5 085	13,5	50	0,8	1 994	4,1	20	0,4	711	2,5
3 590	100,0	37 800	100,0	5 865	100,0	48 700	100,0	4 920	100,0	28 900	100,0
10 890	21,0	37 800	23,8	19 070	36,9	48 700	30,6	10 635	20,6	28 900	18,2
3 590	20,8	27 300	24,5	5 865	34,1	31 400	28,2	4 920	28,6	17 600	15,8
2 255	20,0	10 500	22,1	4 420	39,1	17 300	36,3	2 790	24,7	11 300	23,7
—	—	—	—	—	—	—	—	—	—	—	—
5 045[1]	24,8	—	—	8 785[1]	43,1	—	—	2 925[1]	14,3	—	—
DM				DM				DM			
10 530				8 305				5 875			
6 465				4 735				3 750			
3 470				2 555				2 715			

Zahl und Nettoeinkommen der 1-Personen-Haushalte nach der

Monatliches Haushaltseinkommen in DM	1-Personen-Haushalte, insgesamt				Selbständiger			
	Zahl		Jahreshaushaltseinkommen		Zahl		Jahreshaushaltseinkommen	
	1000	vH	Mill. DM	vH	1000	vH	Mill. DM	vH
unter 100	46	1,5	48	0,3	1	0,6	1	0,1
100 — 150	323	10,6	513	3,6	2	1,1	3	0,2
150 — 200	367	12,1	792	5,5	3	1,7	6	0,3
200 — 250	365	12,0	1 002	6,9	3	1,7	7	0,4
250 — 300	323	10,6	1 080	7,5	4	2,2	13	0,7
300 — 350	257	8,5	1 007	7,0	5	2,8	19	1,0
350 — 400	224	7,4	1 004	7,0	7	3,9	31	1,7
400 — 450	205	6,7	1 040	7,2	8	4,5	40	2,1
450 — 500	181	6,0	1 023	7,1	9	5,0	51	2,7
500 — 550	156	5,1	973	6,7	10	5,6	62	3,3
550 — 600	122	4,0	833	5,8	11	6,1	75	4,0
600 — 650	98	3,2	725	5,0	12	6,6	88	4,7
650 — 700	72	2,4	576	4,0	11	6,1	87	4,7
700 — 750	53	1,8	456	3,2	10	5,5	86	4,6
750 — 800	39	1,3	359	2,5	9	5,0	82	4,4
800 — 900	53	1,7	534	3,7	13	7,2	131	7,0
900 — 1 000	37	1,2	418	2,9	10	5,6	113	6,1
1 000 — 1 100	29	1,0	360	2,5	9	5,0	112	6,0
1 100 — 1 200	20	0,7	273	1,9	8	4,4	109	5,9
1 200 — 1 300	16	0,5	242	1,7	7	3,9	104	5,6
1 300 — 1 400	12	0,4	192	1,3	6	3,3	96	5,2
1 400 — 1 500	10	0,3	172	1,2	5	2,8	86	4,6
1 500 — 1 750	12	0,4	231	1,6	6	3,3	115	6,2
1 750 — 2 000	10	0,3	222	1,5	5	2,8	111	6,0
2 000 und mehr	10	0,3	340	2,4	6	3,3	232	12,5
insgesamt	3 040	100,0	14 415	100,0	180	100,0	1 860	100,0
Haushaltsangehörige, gesamt	3 040	100,0	14 415	100,0	180	5,9	1 860	12,9
davon								
Haushaltsvorstände	3 040	100,0	14 415	100,0	180	5,9	1 860	12,9
weitere Einkommensbezieher	—	—	—	—	—	—	—	—
mithelfende Familienangehörige	—	—	—	—	—	—	—	—
sonstige Haushaltsangehörige	—	—	—	—	—	—	—	—
Durchschnittseinkommen	DM				DM			
je Haushalt	4 740				10 335			
je Einkommensbezieher	4 740				10 335			
je Haushaltsangehörigen	4 740				10 335			

Stellung des Haushaltsvorstandes und nach Einkommensklassen 1959

Stellung des Haushaltsvorstandes											
Angestellter/Beamter				Arbeiter				Rentner			
Zahl		Jahreshaus-halts-einkommen		Zahl		Jahreshaus-halts-einkommen		Zahl		Jahreshaus-halts-einkommen	
1000	vH	Mill. DM	vH	1000	vH	Mill. DM	vH	1000	vH	Mill. DM	vH
.	.	.	.	.	.	.	.	45	2,6	47	0,8
5	0,9	8	0,2	11	1,9	18	0,6	305	17,5	484	8,3
17	3,2	36	1,0	30	5,1	66	2,2	317	18,2	684	11,8
24	4,5	66	1,8	44	7,5	123	4,1	294	16,9	806	13,9
33	6,2	111	3,0	60	10,2	202	6,7	226	13,0	754	13,0
39	7,3	153	4,1	66	11,3	262	8,7	147	8,5	573	9,8
44	8,2	197	5,3	70	11,9	316	10,5	103	5,9	460	7,9
48	9,0	244	6,5	72	12,3	367	12,2	77	4,4	389	6,7
50	9,3	282	7,5	63	10,8	358	11,9	59	3,4	332	5,7
48	9,0	301	8,0	50	8,5	313	10,5	48	2,8	297	5,1
41	7,7	281	7,5	36	6,2	247	8,2	34	2,0	230	4,0
33	6,2	245	6,5	27	4,6	201	6,7	26	1,5	191	3,3
26	4,9	209	5,6	18	3,1	145	4,8	17	1,0	135	2,3
21	3,9	181	4,8	11	1,9	95	3,2	11	0,6	94	1,6
16	3,0	148	3,9	8	1,4	74	2,5	6	0,3	55	0,9
21	3,9	212	5,7	10	1,7	101	3,4	9	0,5	90	1,5
15	2,8	170	4,5	5	0,9	56	1,9	7	0,4	79	1,4
11	2,1	137	3,7	3	0,5	37	1,2	6	0,3	74	1,3
9	1,7	123	3,3	1	0,2	14	0,5	2	0,1	27	0,5
8	1,5	119	3,2	0	0,0	5	0,2	1	0,1	14	0,2
6	1,1	96	2,6	.	.	.	.	.	.	.	.
5	0,9	86	2,3	.	.	.	.	.	.	.	.
6	1,1	116	3,1	.	.	.	.	.	.	.	.
5	0,9	111	3,0	.	.	.	.	.	.	.	.
4	0,7	108	2,9	.	.	.	.	.	.	.	.
535	100,0	3 740	100,0	585	100,0	3 000	100,0	1 740	100,0	5 815	100,0
535	17,6	3 740	25,9	585	19,3	3 000	20,8	1 740	57,2	5 815	40,4
535	17,6	3 740	25,9	585	19,3	3 000	20,8	1 740	57,2	5 815	40,4
—	—	—	—	—	—	—	—	—	—	—	—
—	—	—	—	—	—	—	—	—	—	—	—
—	—	—	—	—	—	—	—	—	—	—	—
DM				DM				DM			
6 990				5 130				3 340			
6 990				5 130				3 340			
6 990				5 130				3 340			

Zahl und Nettoeinkommen der 2-Personen-Haushalte nach der

Monatliches Haushaltseinkommen in DM	2-Personen-Haushalte, insgesamt				Selbständiger			
	Zahl		Jahreshaushaltseinkommen		Zahl		Jahreshaushaltseinkommen	
	1000	vH	Mill. DM	vH	1000	vH	Mill. DM	vH
unter 100	4	0,1	4	0,0	·	·	·	·
100— 150	118	2,6	190	0,6	·	·	·	·
150— 200	187	4,2	404	1,2	1	0,2	3	0,0
200— 250	234	5,2	645	1,9	4	0,8	12	0,2
250— 300	256	5,7	856	2,6	6	1,1	22	0,3
300— 350	278	6,2	1 098	3,3	9	1,7	39	0,6
350— 400	300	6,6	1 360	4,0	14	2,7	66	1,0
400— 450	345	7,7	1 771	5,3	17	3,3	90	1,4
450— 500	369	8,2	2 110	6,3	21	4,0	122	1,8
500— 550	343	7,6	2 163	6,4	26	5,0	166	2,5
550— 600	315	7,0	2 174	6,5	30	5,8	209	3,2
600— 650	270	6,0	2 025	6,0	33	6,3	251	3,8
650— 700	227	5,0	1 834	5,5	33	6,3	268	4,1
700— 750	182	4,0	1 580	4,7	30	5,8	261	3,9
750— 800	142	3,2	1 318	3,9	27	5,2	253	3,8
800— 900	218	4,8	2 213	6,6	40	7,7	407	6,2
900—1 000	169	3,8	1 920	5,7	36	6,9	409	6,2
1 000—1 100	132	2,9	1 659	4,9	31	6,0	391	5,9
1 100—1 200	102	2,3	1 399	4,2	28	5,4	385	5,8
1 200—1 300	73	1,6	1 095	3,3	24	4,6	358	5,4
1 300—1 400	54	1,2	872	2,6	19	3,7	310	4,7
1 400—1 500	42	0,9	783	2,3	16	3,1	281	4,3
1 500—1 750	52	1,1	1 006	3,0	24	4,6	465	7,0
1 750—2 000	40	0,9	895	2,7	19	3,7	427	6,5
2 000 und mehr	53	1,2	2 186	6,5	32	6,1	1 415	21,4
insgesamt	4 505	100,0	33 560	100,0	520	100,0	6 610	100,0
Haushaltsangehörige, gesamt	9 010	100,0	33 560	100,0	1 040	11,5	6 610	19,7
davon								
Haushaltsvorstände	4 505	100,0	25 250	100,0	520	11,5	5 790	22,9
weitere Einkommensbezieher	1 775	100,0	8 310	100,0	160	9,0	820	9,9
mithelfende Familienangehörige	240	100,0	—	—	240	100,0	—	—
sonstige Haushaltsangehörige	2 490	100,0	—	—	120	4,8	—	—
Durchschnittseinkommen	DM				DM			
je Haushalt	7 450				12 710			
je Einkommensbezieher	5 345				9 720			
je Haushaltsangehörigen	3 725				6 355			

[1]) Einschl. mithelfende Familienangehörige.

Stellung des Haushaltsvorstandes und nach Einkommensklassen 1959

Stellung des Haushaltsvorstandes											
Angestellter/Beamter				Arbeiter				Rentner			
Zahl		Jahreshaushaltseinkommen		Zahl		Jahreshaushaltseinkommen		Zahl		Jahreshaushaltseinkommen	
1000	vH	Mill. DM	vH	1000	vH	Mill. DM	vH	1000	vH	Mill. DM	vH
.	.	.	.	.	.	.	.	4	0,2	4	0,1
.	.	.	.	5	0,4	8	0,1	113	6,3	182	1,8
5	0,6	11	0,1	23	1,7	50	0,5	158	8,8	340	3,4
11	1,3	31	0,4	42	3,1	114	1,2	177	9,8	488	4,8
22	2,7	74	1,0	67	5,0	223	2,4	161	8,9	537	5,3
37	4,4	145	1,9	91	6,7	359	3,9	141	7,8	555	5,5
48	5,8	216	2,9	112	8,3	508	5,5	126	7,0	570	5,6
60	7,2	306	4,0	139	10,3	714	7,7	129	7,1	661	6,6
68	8,2	387	5,1	154	11,4	881	9,5	126	7,0	720	7,1
71	8,5	447	5,9	129	9,5	814	8,8	117	6,5	736	7,3
66	7,9	454	6,0	109	8,1	755	8,2	110	6,1	756	7,5
57	6,9	425	5,6	95	7,0	713	7,7	85	4,7	636	6,3
49	5,9	396	5,2	76	5,6	614	6,6	69	3,8	556	5,5
42	5,1	365	4,8	59	4,4	513	5,6	51	2,8	441	4,4
35	4,2	324	4,3	44	3,3	408	4,4	36	2,0	333	3,3
53	6,4	538	7,1	65	4,8	660	7,1	60	3,3	608	6,0
42	5,1	477	6,3	48	3,6	546	5,9	43	2,4	488	4,8
35	4,2	438	5,8	34	2,5	427	4,6	32	1,8	403	4,0
28	3,4	383	5,0	23	1,7	316	3,4	23	1,3	315	3,1
22	2,7	328	4,3	12	0,9	186	2,0	15	0,8	223	2,2
18	2,2	289	3,8	7	0,5	112	1,2	10	0,6	161	1,6
14	1,7	293	3,9	5	0,4	86	0,9	7	0,4	123	1,2
17	2,0	328	4,3	5	0,4	97	1,1	6	0,3	116	1,1
13	1,6	290	3,8	4	0,3	89	1,0	4	0,2	89	0,9
17	2,0	645	8,5	2	0,1	62	0,7	2	0,1	64	0,6
830	100,0	7 590	100,0	1 350	100,0	9 255	100,0	1 805	100,0	10 105	100,0
1 660	18,4	7 590	22,6	2 700	30,0	9 255	27,6	3 610	40,1	10 105	30,1
830	18,4	6 055	24,0	1 350	30,0	6 990	27,7	1 805	40,1	6 415	25,4
280	15,8	1 535	18,5	520	29,3	2 265	27,2	815	45,9	3 690	44,4
.	.	—	—	.	.	—	—	.	.	—	—
550[1)]	22,1	—	—	830[1)]	33,3	—	—	990[1)]	39,8	—	—
DM				DM				DM			
9 145				6 860				5 600			
6 840				4 950				3 860			
4 570				3 430				2 800			

Zahl und Nettoeinkommen der 3-Personen-Haushalte nach der

Monatliches Haushaltseinkommen in DM	3-Personen-Haushalte, insgesamt				Selbständiger			
	Zahl		Jahreshaushaltseinkommen		Zahl		Jahreshaushaltseinkommen	
	1000	vH	Mill. DM	vH	1000	vH	Mill. DM	vH
unter 100	.	.	.	.	.	.	.	.
100 — 150	10	0,3	16	0,0	.	.	.	.
150 — 200	28	0,7	61	0,2	.	.	.	.
200 — 250	57	1,4	159	0,4	1	0,2	3	0,0
250 — 300	100	2,5	338	0,9	3	0,5	11	0,1
300 — 350	150	3,7	594	1,6	7	1,2	29	0,3
350 — 400	203	5,1	923	2,4	9	1,5	41	0,5
400 — 450	260	6,5	1 336	3,5	13	2,2	67	0,8
450 — 500	298	7,4	1 713	4,5	19	3,2	110	1,3
500 — 550	304	7,6	1 929	5,0	26	4,3	165	1,9
550 — 600	287	7,2	1 986	5,2	29	4,8	202	2,4
600 — 650	257	6,4	1 929	5,0	31	5,2	234	2,8
650 — 700	232	5,8	1 879	4,9	33	5,5	269	3,2
700 — 750	206	5,2	1 791	4,7	34	5,7	298	3,5
750 — 800	179	4,5	1 663	4,4	31	5,2	289	3,4
800 — 900	300	7,5	3 049	8,0	49	8,1	500	5,9
900 — 1 000	248	6,2	2 819	7,4	46	7,6	524	6 2
1 000 — 1 100	197	4,9	2 470	6,4	41	6,8	517	6,1
1 100 — 1 200	160	4,0	2 197	5,7	37	6,2	511	6,0
1 200 — 1 300	118	3,0	1 772	4,6	32	5,3	479	5,6
1 300 — 1 400	93	2,3	1 501	3,9	27	4,5	440	5,2
1 400 — 1 500	72	1,8	1 252	3,3	24	4,0	418	4,9
1 500 — 1 750	88	2,2	1 704	4,4	35	5,8	679	8,0
1 750 — 2 000	67	1,7	1 500	3,9	28	4,7	627	7,4
2 000 und mehr	86	2,1	3 709	9,7	45	7,5	2 077	24,5
insgesamt	4 000	100,0	38 290	100,0	600	100,0	8 490	100,0
Haushaltsangehörige, gesamt	12 000	100,0	38 290	100,0	1 800	15,0	8 490	22,2
davon								
Haushaltsvorstände	4 000	100,0	26 295	100,0	600	15,0	7 155	27,2
weitere Einkommensbezieher	2 705	100,0	11 995	100,0	270	10,0	1 335	11,1
mithelfende Familienangehörige	465	100,0	—	—	465	100,0	—	—
sonstige Haushaltsangehörige	4 830	100,0	—	—	465	9,6	—	—
Durchschnittseinkommen	DM				DM			
je Haushalt	9 570				14 150			
je Einkommensbezieher	5 710				9 760			
je Haushaltsangehörigen	3 190				4 715			

1) Einschl. mithelfende Familienangehörige.

Stellung des Haushaltsvorstandes und nach Einkommensklassen 1959

Stellung des Haushaltsvorstandes											
Angestellter/Beamter				Arbeiter				Rentner			
Zahl		Jahreshaushaltseinkommen		Zahl		Jahreshaushaltseinkommen		Zahl		Jahreshaushaltseinkommen	
1000	vH	Mill. DM	vH	1000	vH	Mill. DM	vH	1000	vH	Mill. DM	vH
.	.	.	.	.	.	.	.	.	.	.	.
.	.	.	.	1	0,1	2	0,0	9	1,2	14	0,2
1	0,1	2	0,0	12	0,7	27	0,2	15	2,0	32	0,5
4	0,4	11	0,1	31	1,8	87	0,7	21	2,9	58	1,0
14	1,4	47	0,5	55	3,3	185	1,4	28	3,8	95	1,6
27	2,8	107	1,0	82	4,9	324	2,4	34	4,6	134	2,2
39	4,0	178	1,7	116	6,9	527	3,9	39	5,3	177	2,9
57	5,8	293	2,8	147	8,8	756	5,7	43	5,9	220	3,8
65	6,6	372	3,6	162	9,6	929	6,9	52	7,1	302	5,0
71	7,2	449	4,3	146	8,7	925	6,9	61	8,3	390	6,5
69	7,0	476	4,6	132	7,9	912	6,8	57	7,8	396	6,6
63	6,4	472	4,6	115	6,8	864	6,5	48	6,5	359	6,0
57	5,8	459	4,4	95	5,7	770	5,8	47	6,4	381	6,3
51	5,2	441	4,2	82	4,9	712	5,3	39	5,3	340	5,6
46	4,7	426	4,1	68	4,0	633	4,8	34	4,6	315	5,2
80	8,1	811	7,8	116	6,9	1 179	8,8	55	7,5	559	9,3
68	6,9	769	7,4	92	5,5	1 046	7,8	42	5,7	480	8,0
57	5,8	713	6,8	68	4,0	853	6,4	31	4,2	387	6,4
46	4,7	629	6,1	53	3,2	728	5,4	24	3,3	329	5,5
36	3,7	536	5,1	36	2,1	544	4,1	14	1,9	213	3,5
29	2,9	466	4,5	25	1,5	402	3,0	12	1,6	193	3,2
22	2,2	380	3,7	17	1,0	295	2,2	9	1,2	159	2,6
29	2,9	559	5,4	14	0,8	272	2,0	10	1,4	194	3,2
23	2,3	513	4,9	9	0,5	202	1,5	7	0,9	158	2,6
31	3,1	1 286	12,4	6	0,4	206	1,5	4	0,6	140	2,3
985	100,0	10 395	100,0	1 680	100,0	13 380	100,0	735	100,0	6 025	100,0
2 955	24,6	10 395	27,1	5 040	42,0	13 380	35,0	2 205	18,4	6 025	15,7
985	24,6	7 480	28,4	1 680	42,0	8 910	33,9	735	18,4	2 750	10,5
580	21,5	2 915	24,3	1 075	39,7	4 470	37,3	780	28,8	3 275	27,3
.	.	—	—	.	.	—	—	.	.	—	—
1 390[1]	28,8	—	—	2 285[1]	47,3	—	—	690[1]	14,3	—	—
DM 10 555 6 640 3 520				DM 7 960 4 860 2 650				DM 8 195 3 975 2 730			

Zahl und Nettoeinkommen der 4-Personen-Haushalte nach der

Monatliches Haushaltseinkommen in DM	4-Personen-Haushalte, insgesamt: Zahl 1000	Zahl vH	Jahreshaushaltseinkommen Mill. DM	Jahreshaushaltseinkommen vH	Selbständiger: Zahl 1000	Zahl vH	Jahreshaushaltseinkommen Mill. DM	Jahreshaushaltseinkommen vH
unter 100	.	.	.	.	.	.	.	.
100— 150	.	.	.	.	.	.	.	.
150— 200	4	0,1	8	0,0	.	.	.	.
200— 250	17	0,6	47	0,2	.	.	.	.
250— 300	35	1,2	116	0,4	1	0,2	3	0,0
300— 350	70	2,4	278	0,8	3	0,5	12	0,1
350— 400	113	3,8	514	1,6	5	0,8	22	0,2
400— 450	150	5,1	771	2,3	8	1,3	41	0,4
450— 500	175	5,9	980	3,0	12	2,0	69	0,7
500— 550	179	6,1	1 131	3,4	17	2,8	108	1,2
550— 600	177	6,0	1 227	3,7	21	3,5	146	1,6
600— 650	168	5,7	1 261	3,8	27	4,5	202	2,2
650— 700	156	5,3	1 268	3,8	31	5,1	251	2,7
700— 750	149	5,1	1 297	3,9	32	5,3	277	3,0
750— 800	139	4,7	1 276	3,8	30	4,9	280	3,0
800— 900	246	8,4	2 516	7,6	50	8,3	510	5,4
900—1 000	218	7,4	2 478	7,5	48	7,9	548	5,8
1 000—1 100	185	6,3	2 296	6,9	46	7,6	579	6,2
1 100—1 200	157	5,3	2 161	6,5	43	7,1	593	6,3
1 200—1 300	127	4,3	1 901	5,7	37	6,1	552	5,9
1 300—1 400	107	3,6	1 724	5,2	34	5,6	547	5,8
1 400—1 500	88	3,0	1 522	4,6	30	5,0	520	5,5
1 500—1 750	103	3,5	1 992	6,0	44	7,3	851	9,1
1 750—2 000	81	2,8	1 812	5,5	35	5,8	782	8,3
2 000 und mehr	101	3,4	4 574	13,8	51	8,4	2 502	26,6
insgesamt	2 945	100,0	33 150	100,0	605	100,0	9 395	100,0
Haushaltsangehörige, gesamt	11 780	100,0	33 150	100,0	2 420	20,6	9 395	28,4
davon Haushaltsvorstände	2 945	100,0	21 760	100,0	605	20,6	7 600	34,9
weitere Einkommensbezieher	2 695	100,0	11 390	100,0	380	14,1	1 795	15,8
mithelfende Familienangehörige	640	100,0	—	—	640	100,0	—	—
sonstige Haushaltsangehörige	5 500	100,0	—	—	795	14,5	—	—
Durchschnittseinkommen	DM				DM			
je Haushalt	11 255				15 530			
je Einkommensbezieher	5 880				9 540			
je Haushaltsangehörigen	2 815				3 880			

[1]) Einschl. mithelfende Familienangehörige.

Stellung des Haushaltsvorstandes und nach Einkommensklassen 1959

Stellung des Haushaltsvorstandes											
Angestellter/Beamter				Arbeiter				Rentner			
Zahl		Jahreshaus-halts-einkommen		Zahl		Jahreshaus-halts-einkommen		Zahl		Jahreshaus-halts-einkommen	
1000	vH	Mill. DM	vH	1000	vH	Mill. DM	vH	1000	vH	Mill. DM	vH
.	.	.	.	.	.	.	.	.	.	.	.
.	.	.	.	.	.	.	.	.	.	.	.
.	.	.	.	1	0,1	2	0,0	3	0,9	6	0,2
2	0,3	6	0,1	9	0,7	25	0,2	6	1,7	16	0,5
6	0,8	19	0,2	20	1,6	68	0,6	8	2,3	26	0,8
13	1,7	52	0,6	42	3,4	167	1,5	12	3,5	47	1,4
22	2,9	100	1,1	71	5,7	325	2,8	15	4,4	67	2,0
32	4,2	163	1,8	93	7,5	480	4,2	17	4,9	87	2,6
39	5,2	221	2,5	105	8,5	582	5,1	19	5,5	108	3,2
44	5,8	277	3,1	97	7,8	615	5,4	21	6,1	131	4,0
46	6,1	318	3,5	89	7,2	619	5,4	21	6,1	144	4,3
45	6,0	337	3,7	76	6,1	572	5,0	20	5,8	150	4,5
40	5,3	326	3,6	64	5,2	521	4,6	21	6,1	170	5,1
38	5,0	332	3,7	60	4,8	523	4,6	19	5,5	165	5,0
35	4,6	328	3,6	56	4,5	500	4,4	18	5,2	168	5,1
61	8,1	623	6,9	99	8,0	1 018	8,9	36	10,4	365	11,0
57	7,5	649	7,2	84	6,8	953	8,4	29	8,4	328	10,0
51	6,8	641	7,1	67	5,4	811	7,1	21	6,1	265	8,0
45	6,0	620	6,9	55	4,4	755	6,6	14	4,1	193	5,8
38	5,0	568	6,3	41	3,3	616	5,4	11	3,2	165	5,0
31	4,1	502	5,6	34	2,7	546	4,8	8	2,3	129	3,9
24	3,2	418	4,6	27	2,2	464	4,1	7	2,0	120	3,6
30	4,0	582	6,4	21	1,7	404	3,5	8	2,3	155	4,7
24	3,2	538	6,6	16	1,3	358	3,1	6	1,7	134	4,0
32	4,2	1 400	15,5	13	1,1	496	4,3	5	1,5	176	5,3
755	100,0	9 020	100,0	1 240	100,0	11 420	100,0	345	100,0	3 315	100,0
3 020	25,6	9 020	27,2	4 960	42,1	11 420	34,4	1 380	11,7	3 315	10,0
755	25,6	6 010	37,6	1 240	42,1	6 800	31,3	345	11,4	1 350	6,2
650	24,1	3 010	26,4	1 150	42,7	4 620	40,6	515	19,1	1 965	17,2
.	.	—	—	.	.	—	—	.	.	—	—
1 615[1)]	29,4	—	—	2 570[1)]	46,7	—	—	520[1)]	9,4	—	—
DM 11 945 6 420 2 985				DM 9 210 4 780 2 300				DM 9 610 3 850 2 400			

Zahl und Nettoeinkommen der 5-Personen-Haushalte nach der

Monatliches Haushaltseinkommen in DM	5-Personen-Haushalte, insgesamt				Selbständiger			
	Zahl		Jahreshaushaltseinkommen		Zahl		Jahreshaushaltseinkommen	
	1000	vH	Mill. DM	vH	1000	vH	Mill. DM	vH
unter 100	.	.	.	.	.	.	.	.
100— 150	.	.	.	.	.	.	.	.
150— 200	.	.	.	.	.	.	.	.
200— 250	2	0,1	6	0,0	.	.	.	.
250— 300	7	0,5	22	0,1	.	.	.	.
300— 350	19	1,3	75	0,4	.	.	.	.
350— 400	33	2,2	149	0,8	1	0,2	5	0,1
400— 450	47	3,1	239	1,2	3	0,7	15	0,2
450— 500	59	4,0	336	1,7	6	1,4	34	0,5
500— 550	69	4,6	435	2,2	9	2,2	57	0,8
550— 600	68	4,6	468	2,4	11	2,6	77	1.1
600— 650	71	4,8	531	2,7	14	3,3	105	1,4
650— 700	73	4,9	589	3,0	16	3,8	129	1,8
700— 750	74	5,0	641	3,3	19	4,5	165	2.3
750— 800	69	4,6	640	3,2	20	4,8	186	2,6
800— 900	126	8,5	1 317	6,7	36	8,6	406	5,6
900—1 000	121	8,1	1 370	6,9	35	8,3	397	5,5
1 000—1 100	112	7,5	1 402	7,1	33	7,9	414	5,7
1 100—1 200	98	6,6	1 343	6,8	31	7,4	426	5,9
1 200—1 300	87	5,8	1 285	6,5	29	6.9	419	5,8
1 300—1 400	75	5,0	1 208	6,1	27	6,4	435	6,0
1 400—1 500	64	4,3	1 105	5,6	23	5,5	398	5,5
1 500—1 750	77	5,2	1 490	7,5	35	8,3	677	9,4
1 750—2 000	60	4,0	1 347	6,8	29	6,9	651	9,0
2 000 und mehr	79	5,3	3 747	19,0	43	10,3	2 229	30,8
insgesamt	1 490	100,0	19 745	100,0	420	100,0	7 225	100,0
Haushaltsangehörige, gesamt	7 450	100.0	19 745	100,0	2 100	28,2	7 225	36,6
davon								
Haushaltsvorstände	1 490	100,0	12 025	100,0	420	28,2	5 465	45,4
weitere Einkommensbezieher	1 930	100,0	7 720	100,0	380	19,7	1 760	22,8
mithelfende Familienangehörige	540	100,0	—	—	540	100,0	—	—
sonstige Haushaltsangehörige	3 490	100,0	—	—	760	21,8	—	—
Durchschnittseinkommen	DM				DM			
je Haushalt	13 250				17 200			
je Einkommensbezieher	5 765				9 030			
je Haushaltsangehörigen	2 650				3 440			

1) Einschl. mithelfende Familienangehörige.

Stellung des Haushaltsvorstandes und nach Einkommensklassen 1959

Stellung des Haushaltsvorstandes											
Angestellter/Beamter				Arbeiter				Rentner			
Zahl		Jahreshaus-halts-einkommen		Zahl		Jahreshaus-halts-einkommen		Zahl		Jahreshaus-halts-einkommen	
1000	vH	Mill. DM	vH	1000	vH	Mill. DM	vH	1000	vH	Mill. DM	vH
.	.	.	.	.	.	.	.	.	.	.	.
.	.	.	.	.	.	.	.	.	.	.	.
.	.	.	.	.	.	.	.	.	.	.	.
.	.	.	.	1	0,2	3	0,0	1	0,6	3	0,2
1	0,3	3	0,1	5	0,8	16	0,2	1	0,6	3	0,2
3	1,0	12	0,3	13	2,2	51	0,8	3	1,8	12	0,6
5	1,6	22	0,5	23	3,8	104	1,6	4	2,4	18	1,0
8	2,6	40	1,0	30	5,0	154	2,4	6	3,6	30	1,6
10	3,3	56	1,3	36	6,0	207	3,2	7	4,2	39	2,0
12	3,9	75	1,8	40	6,7	253	3,9	8	4,9	50	2,7
14	4,6	95	2,3	36	6,0	248	3,9	7	4,2	48	2,5
15	4,9	111	2,6	34	5,7	256	4,0	8	4,9	59	3,1
16	5,2	128	3,1	32	5,3	260	4,0	9	5,5	72	3,8
16	5,2	137	3,3	30	5,0	261	4,0	9	5,5	78	4,1
14	4,6	129	3,1	27	4,5	252	3,9	8	4,9	73	3,9
25	8,2	254	6,1	50	8,3	506	7,9	15	9,1	151	8,0
23	7,6	259	6,2	46	7,7	522	8,1	17	10,3	192	10,2
22	7,2	273	6,5	43	7,2	539	8,4	14	8,5	176	9,3
21	6,9	287	6,8	36	6,0	493	7,7	10	6,1	137	7,3
20	6,6	298	7,1	29	4,8	433	6,7	9	5,5	135	7,2
17	5,6	273	6,5	24	4,0	387	6,0	7	4,2	113	6,0
14	4,6	241	5,7	21	3,5	362	5,6	6	3,6	104	5,5
17	5,6	329	7,9	18	3,0	349	5,4	7	4,2	135	7,2
13	4,3	294	7,0	14	2,3	313	4,9	4	2,4	89	4,7
19	6,2	874	20,8	12	2,0	476	7,4	5	3,0	168	8,9
305	100,0	4 190	100,0	600	100,0	6 445	100,0	165	100,0	1 885	100,0
1 525	20,4	4 190	21,2	3 000	40,3	6 445	32,7	825	11,1	1 885	9,5
305	20,4	2 525	21,0	600	40,3	3 350	27,9	165	11,1	685	5,7
395	20,5	1 665	21,6	820	42,5	3 095	40,1	335	17,3	1 200	15,5
.	.	—	—	.	.	—	—	.	.	—	—
825[1)]	23,6	—	—	1 580[1)]	45,3	—	—	325[1)]	9,3	—	—
DM 13 740 5 985 2 750				DM 10 740 4 540 2 150				DM 11 420 3 770 2 280			

Zahl und Nettoeinkommen der 6-Personen-Haushalte nach der

Monatliches Haushaltseinkommen in DM	6-Personen-Haushalte, insgesamt				Selbständiger			
	Zahl		Jahreshaushaltseinkommen		Zahl		Jahreshaushaltseinkommen	
	1000	vH	Mill. DM	vH	1000	vH	Mill. DM	vH
unter 100	.	.	.	.	.	.	.	.
100 — 150	.	.	.	.	.	.	.	.
150 — 200	.	.	.	.	.	.	.	.
200 — 250	.	.	.	.	.	.	.	.
250 — 300	2	0,3	6	0,1	.	.	.	.
300 — 350	5	0,7	20	0,2	.	.	.	.
350 — 400	11	1,6	50	0,5	1	0,4	5	0,1
400 — 450	12	1,7	61	0,6	1	0,4	5	0,1
450 — 500	17	2,4	96	0,9	3	1,1	17	0,4
500 — 550	21	3,0	132	1,2	4	1,5	25	0,5
550 — 600	24	3,4	166	1,6	5	1,9	35	0,7
600 — 650	26	3,7	195	1,8	6	2,3	45	0,9
650 — 700	31	4,4	250	2,4	8	3,0	65	1,4
700 — 750	31	4,4	268	2,5	10	3,8	87	1,8
750 — 800	31	4,4	289	2,7	11	4,2	103	2,1
800 — 900	61	8,7	623	5,9	22	8,3	225	4,7
900 — 1 000	62	8,9	708	6,7	23	8,7	262	5,4
1 000 — 1 100	57	8,2	725	6,9	22	8,3	278	5,8
1 100 — 1 200	53	7,6	729	6,9	21	7,9	289	6,0
1 200 — 1 300	45	6,4	676	6,4	19	7,2	285	5,9
1 300 — 1 400	42	6,0	680	6,5	18	6,8	291	6,0
1 400 — 1 500	36	5,2	624	5,9	16	6,0	277	5,7
1 500 — 1 750	47	6,7	912	8,7	25	9,4	485	10,1
1 750 — 2 000	37	5,3	828	7,9	21	7,9	470	9,7
2 000 und mehr	49	7,0	2 477	23,7	29	10,9	1 581	32,7
insgesamt	700	100,0	10 515	100,0	265	100,0	4 830	100,0
Haushaltsangehörige, gesamt	4 200	100,0	10 515	100,0	1 590	37,9	4 830	46,0
davon Haushaltsvorstände	700	100,0	6 280	100,0	265	37,9	3 615	57,6
weitere Einkommensbezieher	1 115	100,0	4 235	100,0	275	24,7	1 215	28,7
mithelfende Familienangehörige	425	100,0	—	—	425	100,0	—	—
sonstige Haushaltsangehörige	1 960	100,0	—	—	625	31,9	—	—
	DM				DM			
Durchschnittseinkommen								
je Haushalt	15 020				18 225			
je Einkommensbezieher	5 795				8 945			
je Haushaltsangehörigen	2 505				3 040			

1) Einschl. mithelfende Familienangehörige.

Stellung des Haushaltsvorstandes und nach Einkommensklassen 1959

Stellung des Haushaltsvorstandes											
Angestellter/Beamter				Arbeiter				Rentner			
Zahl		Jahreshaushaltseinkommen		Zahl		Jahreshaushaltseinkommen		Zahl		Jahreshaushaltseinkommen	
1000	vH	Mill. DM	vH	1000	vH	Mill. DM	vH	1000	vH	Mill. DM	vH
.	.	.	.	.	.	.	.	.	.	.	.
.	.	.	.	.	.	.	.	.	.	.	.
.	.	.	.	.	.	.	.	.	.	.	.
.	.	.	.	.	.	.	.	.	.	.	.
.	.	.	.	1	0,4	3	0,1	1	1,3	3	0,3
.	.	.	.	4	1,6	16	0,5	1	1,3	4	0,4
1	0,9	4	0,2	7	2,8	32	1,1	2	2,7	9	0,9
1	0,9	5	0,3	8	3,3	41	1,4	2	2,7	10	1,0
2	1,7	11	0,6	10	4,1	57	1,9	2	2,7	11	1,2
3	2,6	18	1,0	12	4,9	76	2,5	2	2,7	13	1,4
3	2,6	20	1,2	14	5,7	97	3,2	2	2,7	14	1,5
5	4,3	37	2,1	13	5,3	96	3,2	2	2,7	17	1,8
7	6,1	56	3,2	13	5,3	104	3,5	3	4,0	25	2,6
6	5,2	51	2,9	12	4,9	104	3,5	3	4,0	26	2,7
6	5,2	55	3,2	10	4,1	93	3,1	4	5,3	38	4,0
12	10,4	123	7,1	20	8,2	205	6,8	7	9,3	70	7,4
11	9,6	125	7,2	20	8,2	229	7,6	8	10,6	92	9,7
9	7,8	113	6,5	19	7,7	240	8,0	7	9,3	94	9,9
9	7,8	124	7,2	17	6,9	234	7,8	6	8,0	82	8,6
7	6,1	105	6,1	14	5,7	211	7,0	5	6,7	75	7,9
6	5,2	98	5,7	13	5,3	210	7,0	5	6,7	81	8,5
5	4,4	87	5,0	11	4,5	190	6,3	4	5,3	70	7,4
8	7,0	155	8,9	10	4,1	194	6,5	4	5,3	78	8,2
5	4,4	112	6,5	8	3,3	179	6,0	3	4,0	67	7,1
9	7,8	436	25,1	9	3,7	389	13,0	2	2,7	71	7,5
115	100,0	1 735	100,0	245	100,0	3 000	100,0	75	100,0	950	100,0
690	16,4	1 735	16,5	1 470	35,0	3 000	28,5	450	10,7	950	9,0
115	16,4	940	15,0	245	35,0	1 395	22,2	75	10,7	330	5,2
200	17,9	795	18,8	460	41,3	1 605	37,9	180	16,1	620	14,6
.	.	—	—	.	.	—	—	.	.	—	—
375 1)	19,2	—	—	765 1)	39,0	—	—	195 1)	9,9	—	—
DM				DM				DM			
15 085				12 240				12 665			
5 510				4 255				3 725			
2 515				2 040				2 110			

Zahl und Nettoeinkommen der 7-und mehr-Personen-Haushalte nach der

Monatliches Haushaltseinkommen in DM	7- und mehr-Personen-Haushalte, insgesamt				Selbständiger			
	Zahl		Jahreshaushaltseinkommen		Zahl		Jahreshaushaltseinkommen	
	1000	vH	Mill. DM	vH	1000	vH	Mill. DM	vH
unter 100	.	.	.	.	.	.	.	.
100 — 150	.	.	.	.	.	.	.	.
150 — 200	.	.	.	.	.	.	.	.
200 — 250	.	.	.	.	.	.	.	.
250 — 300	.	.	.	.	.	.	.	.
300 — 350	2	0,4	8	0,1	.	.	.	.
350 — 400	3	0,6	13	0,1	.	.	.	.
400 — 450	5	0,9	25	0,2	.	.	.	.
450 — 500	6	1,1	35	0,4	1	0,4	6	0,1
500 — 550	11	2,0	69	0,7	2	0,8	13	0,3
550 — 600	13	2,4	89	1,0	3	1,2	21	0,4
600 — 650	17	3,1	125	1,3	4	1,5	30	0,6
650 — 700	17	3,1	137	1,5	5	1,9	41	0,8
700 — 750	19	3,5	165	1,8	7	2,7	62	1,2
750 — 800	22	4,0	205	2,2	9	3,5	84	1,6
800 — 900	43	7,9	444	4,8	20	7,7	206	4,0
900 — 1 000	45	8,3	516	5,5	20	7,7	230	4,4
1 000 — 1 100	47	8,6	590	6,3	21	8,1	267	5,1
1 100 — 1 200	44	8,1	600	6,4	20	7,7	265	5,1
1 200 — 1 300	41	7,5	603	6,5	20	7,7	288	5,6
1 300 — 1 400	37	6,8	585	6,3	19	7,3	294	5,7
1 400 — 1 500	35	6,4	594	6,4	19	7,3	318	6,1
1 500 — 1 750	47	8,6	874	9,4	29	11,1	524	10,1
1 750 — 2 000	39	7,2	876	9,4	25	9,6	562	10,8
2 000 und mehr	52	9,5	2 772	29,7	36	13,8	1 979	38,1
insgesamt	545	100,0	9 325	100,0	260	100,0	5 190	100,0
Haushaltsangehörige, gesamt	4 265	100,0	9 325	100,0	2 020	47,4	5 190	55,7
davon								
Haushaltsvorstände	545	100,0	5 375	100,0	260	47,4	3 615	67,3
weitere Einkommensbezieher	1 070	100,0	3 950	100,0	360	33,7	1 575	39,9
mithelfende Familienangehörige	530	100,0	—	—	530	100,0	—	—
sonstige Haushaltsangehörige	2 120	100,0	—	—	870	41,0	—	—
Durchschnittseinkommen	DM				DM			
je Haushalt	17 110				19 960			
je Einkommensbezieher	5 775				8 370			
je Haushaltsangehörigen	2 185				2 570			

1) Einschl. mithelfende Familienangehörige.

Stellung des Haushaltsvorstandes und nach Einkommensklassen 1959

Stellung des Haushaltsvorstandes											
Angestellter/Beamter				Arbeiter				Rentner			
Zahl		Jahreshaushaltseinkommen		Zahl		Jahreshaushaltseinkommen		Zahl		Jahreshaushaltseinkommen	
1000	vH	Mill. DM	vH	1000	vH	Mill. DM	vH	1000	vH	Mill. DM	vH
.	.	.	.	.	.	.	.	.	.	.	.
.	.	.	.	.	.	.	.	.	.	.	.
.	.	.	.	.	.	.	.	.	.	.	.
.	.	.	.	.	.	.	.	.	.	.	.
.	.	.	.	.	.	.	.	.	.	.	.
.	.	.	.	2	1,2	8	0,4	.	.	.	.
.	.	.	.	3	1,8	13	0,6	.	.	.	.
.	.	.	.	5	3,0	25	1,1	.	.	.	.
.	.	.	.	5	3,0	29	1,3	.	.	.	.
1	1,5	6	0,5	7	4,3	44	2,0	1	1,8	6	0,7
1	1,5	7	0,6	8	4,8	55	2,5	1	1,8	6	0,7
2	3,1	15	1,3	9	5,5	67	3,0	2	3,6	13	1,6
2	3,1	16	1,4	8	4,8	65	3,0	2	3,6	15	1,9
2	3,1	17	1,5	8	4,8	70	3,2	2	3,6	16	2,0
3	4,6	28	2,5	7	4,3	67	3,0	3	5,5	26	3,2
7	10,8	72	6,4	13	7,9	134	6,1	3	5,5	32	4,0
7	10,8	80	7,1	13	7,9	149	6,8	5	9,1	57	7,1
6	9,2	75	6,6	13	7,9	163	7,4	7	12,7	85	10,6
6	9,2	83	7,3	12	7,3	170	7,7	6	10,9	82	10,2
5	7,7	75	6,6	11	6,7	166	7,6	5	9,1	74	9,2
4	6,2	64	5,7	10	6,1	163	7,4	4	7,3	64	8,0
4	6,2	69	6,1	9	5,5	156	7,1	3	5,5	51	6,3
5	7,7	97	8,6	8	4,8	156	7,1	5	9,1	97	12,0
4	6,1	90	8,0	6	3,6	135	6,1	4	7,3	89	11,1
6	9,2	336	29,8	8	4,8	365	16,6	2	3,6	92	11,4
65	100,0	1 130	100,0	165	100,0	2 200	100,0	55	100,0	805	100,0
505	11,8	1 130	12,1	1 315	30,8	2 200	23.6	425	10,0	805	8,6
65	11,9	550	10,2	165	30,3	955	17,8	55	10,1	255	4,7
150	14,0	580	14,7	395	36,9	1 245	31,5	165	15,4	550	13,9
.	.	—	—	.	.	—	—	.	.	—	—
290[1]	13,7	—	—	755[1]	35,6	—	—	205[1]	9,7	—	—
DM				DM				DM			
17 380				13 330				14 635			
5 260				3 930				3 660			
2 240				1 675				1 895			

Zahl und Nettoeinkommen der Haushalte nach der

Monatliches Haushaltseinkommen in DM	Haushalte, insgesamt				1-Personen-	
	Zahl		Jahreshaushaltseink.		Zahl	
	1000	vH	Mill. DM	vH	1000	vH
unter 100	574	3,5	597	0,5	402	13,9
100— 150	871	5,3	1 385	1,2	518	18,0
150— 200	957	5,8	2 075	1,9	420	14,6
200— 250	1 030	6,3	2 842	2,6	338	11,7
250— 300	1 073	6,6	3 589	3,2	257	8,9
300— 350	1 130	6,9	4 459	4,0	188	6,5
350— 400	1 227	7,5	5 551	5,0	158	5,5
400— 450	1 161	7,1	5 945	5,4	134	4,7
450— 500	1 088	6,6	6 225	5,6	112	3,9
500— 550	996	6,1	6 273	5,7	85	2,9
550— 600	874	5,3	6 025	5,4	64	2,2
600— 650	754	4,6	5 651	5,1	50	1,7
650— 700	637	3,9	5 152	4,6	35	1,2
700— 750	530	3,2	4 601	4,2	25	0,9
750— 800	435	2,7	4 040	3,6	17	0,6
800— 900	696	4,2	7 071	6,4	23	0,8
900—1 000	552	3,4	6 262	5,6	16	0,6
1 000—1 100	424	2,6	5 326	4,8	12	0,4
1 100—1 200	327	2,0	4 494	4,1	8	0,3
1 200—1 300	244	1,5	3 645	3,3	6	0,2
1 300—1 400	190	1,2	3 059	2,8	4	0,1
1 400—1 500	150	0,9	2 596	2,3	3	0,1
1 500—1 750	177	1,1	3 447	3,1	4	0,1
1 750—2 000	124	0,8	2 780	2,5	3	0,1
2 000 und mehr	149	0,9	7 910	7,1	3	0,1
insgesamt	16 370	100,0	111 000	100,0	2 885	100,0
Haushaltsangehörige, gesamt	49 205	100.0	111 000	100,0	2 885	5,9
davon						
Haushaltsvorstände	16 370	100,0	78 400	100,0	2 885	17,6
weitere Einkommensbezieher	10 235	100,0	32 600	100,0	—	—
mithelfende Familienangehörige[1]	2 985	100,0	—	—	—	—
sonstige Haushaltsangehörige[2]	19 615	100,0	—	—	—	—
Durchschnittseinkommen			DM			
je Haushalt			6 780			
je Einkommensbezieher			4 170			
je Haushaltsangehörigen			2 255			

1) Nur mithelfende Familienangehörige der Selbständigen-Haushalte. — 2) Ein-
Rentner-Haushalte.

Haushaltsgröße und nach Einkommensklassen 1955

Haushalte		2-Personen-Haushalte				3-Personen-Haushalte			
Jahreshaushaltseink.		Zahl		Jahreshaushaltseink.		Zahl		Jahreshaushaltseink.	
Mill. DM	vH	1000	vH	Mill. DM	vH	1000	vH	Mill. DM	vH
417	4,2	154	3,6	161	0,7	13	0,4	14	0,1
825	8,3	268	6,2	424	1,8	62	1,6	99	0,4
910	9,2	343	7,9	747	3,2	129	3,4	279	1,0
934	9,4	371	8,6	1 024	4,3	184	4,9	510	1,9
862	8,7	375	8,7	1 262	5,4	245	6,5	821	3,1
743	7,5	376	8,7	1 488	6,3	300	7,9	1 177	4,4
712	7,2	380	8,8	1 720	7,3	344	9,1	1 558	5,8
686	6,9	347	8,0	1 783	7,6	330	8,7	1 691	6,3
644	6,5	310	7,2	1 774	7,5	305	8,1	1 748	6,5
536	5,4	268	6,2	1 693	7,2	280	7,4	1 764	6,6
442	4,5	220	5,1	1 519	6,4	248	6,6	1 710	6,4
375	3,8	173	4,0	1 297	5,5	213	5,6	1 596	5,9
285	2,9	134	3,1	1 084	4,6	179	4,7	1 446	5,4
219	2,2	102	2,4	886	3,8	143	3,8	1 239	4,6
159	1,6	74	1,7	688	2,9	114	3,0	1 056	3,9
236	2,4	108	2,5	1 097	4,6	175	4,6	1 777	6,6
185	1,9	81	1,9	919	3,9	132	3,5	1 495	5,6
153	1,5	63	1,5	791	3,3	98	2,6	1 229	4,6
111	1,1	47	1,1	656	2,8	74	2,0	1 016	3,8
91	0,9	32	0,7	478	2,0	53	1,4	789	3,0
67	0,7	22	0,5	357	1,5	41	1,1	657	2,4
53	0,5	17	0,4	293	1,2	30	0,8	519	1,9
82	0,8	20	0,5	388	1,6	35	0,9	682	2,5
67	0,7	13	0,3	293	1,2	24	0,6	537	2,0
116	1,2	17	0,4	793	3,4	29	0,8	1 416	5,3
9 910	100,0	4 315	100,0	23 615	100,0	3 780	100,0	26 825	100,0
9 910	8,9	8 630	17,5	23 615	21,3	11 340	23,0	26 825	24,2
9 910	12,6	4 315	26,4	17 735	22,6	3 780	23,1	18 490	23,6
—	—	1 675	16,4	5 880	18,0	2 475	24,2	8 335	25,6
—	—	255	8,5	—	—	480	16,1	—	—
—	—	2 385	12,2	—	—	4 605	23,5	—	—
DM		DM				DM			
3 435		5 475				7 095			
3 435		3 940				4 290			
3 435		2 735				2 365			

schl. mithelfende Familienangehörige der Angestellten-, Beamten-, Arbeiter- und noch: Zahl und Nettoeinkommen der Haushalte nach der

Monatliches Haushaltseinkommen in DM	4-Personen-Haushalte				5-Personen-	
	Zahl		Jahreshaushaltseink.		Zahl	
	1000	vH	Mill. DM	vH	1000	vH
unter 100	5	0,2	5	0,0	.	.
100 — 150	22	0,8	35	0,2	1	0,1
150 — 200	51	1,8	111	0,5	10	0,7
200 — 250	97	3,5	266	1,2	32	2,3
250 — 300	129	4,7	427	1,9	45	3,2
300 — 350	170	6,1	668	2,9	60	4,2
350 — 400	214	7,7	963	4,2	84	5,9
400 — 450	211	7,6	1 077	4,7	86	6,1
450 — 500	205	7,4	1 168	5,1	93	6,5
500 — 550	198	7,1	1 249	5,4	94	6,6
550 — 600	182	6,6	1 255	5,4	89	6,3
600 — 650	163	5,9	1 221	5,3	84	5,9
650 — 700	145	5,2	1 173	5,1	77	5,4
700 — 750	127	4,6	1 101	4,8	70	4,9
750 — 800	111	4,0	1 030	4,5	63	4,4
800 — 900	174	6,3	1 764	7,6	113	8,0
900 — 1 000	137	4,9	1 552	6,7	95	6,7
1 000 — 1 100	105	3,8	1 320	5,7	74	5,2
1 100 — 1 200	79	2,8	1 072	4,6	57	4,0
1 200 — 1 300	58	2,1	863	3,7	46	3,2
1 300 — 1 400	48	1,7	772	3,3	35	2,5
1 400 — 1 500	37	1,3	647	2,8	29	2,1
1 500 — 1 750	42	1,5	815	3,5	32	2,2
1 750 — 2 000	30	1,1	668	2,9	23	1,6
2 000 und mehr	35	1,3	1 843	8,0	28	2,0
insgesamt	2 775	100,0	23 065	100,0	1 420	100,0
Haushaltsangehörige, gesamt	11 100	22,6	23 065	20,8	7 100	14,4
davon						
Haushaltsvorstände	2 775	16,9	15 365	19,6	1 420	8,7
weitere Einkommensbezieher	2 380	23,2	7 700	23,6	1 745	17,0
mithelfende Familienangehörige[1]	680	22,8	—	—	575	19,3
sonstige Haushaltsangehörige[2]	5 265	26,8	—	—	3 360	17,1
Durchschnittseinkommen			DM			
je Haushalt			8 310			
je Einkommensbezieher			4 475			
je Haushaltsangehörigen			2 080			

[1]) Nur mithelfende Familienangehörige der Selbständigen-Haushalte. — [2]) Ein-
Rentner-Haushalte.

Haushaltsgröße und nach Einkommensklassen 1955

Haushalte		6-Personen-Haushalte				7- und mehr-Personen-Haushalte			
Jahreshaus-haltseink.		Zahl		Jahreshaus-haltseink.		Zahl		Jahreshaus-haltseink.	
Mill. DM	vH	1000	vH	Mill. DM	vH	1000	vH	Mill. DM	vH
.	.	.	.	.	.	.	.	.	.
2	0,0	.	.	.	.	.	.	.	.
20	0,1	3	0,5	6	0,1	1	0,2	2	0,0
87	0,6	6	0,9	16	0,2	2	0,4	5	0,1
148	1,1	14	2,1	42	0,6	8	1,5	27	0,4
235	1,7	24	3,6	100	1,4	12	2,3	48	0,7
378	2,7	31	4,6	146	2,0	16	3,1	74	1,1
437	3,1	33	4,9	169	2,3	20	3,8	102	1,6
530	3,8	40	6,0	228	3,1	23	4,4	133	2,1
591	4,3	43	6,4	265	3,7	28	5,3	175	2,7
610	4,4	42	6,3	290	4,0	29	5,5	199	3,1
629	4,5	41	6,1	309	4,3	30	5,7	224	3,5
621	4,5	38	5,7	308	4,3	29	5,5	235	3,6
609	4,4	35	5,2	304	4,2	28	5,3	243	3,8
586	4,2	29	4,3	269	3,7	27	5,1	252	3,9
1 150	8,3	55	8,2	558	7,7	48	9,2	489	7,6
1 078	7,8	49	7,3	554	7,7	42	8,0	479	7,4
932	6,7	38	5,7	474	6,5	34	6,5	427	6.6
782	5,6	33	4,9	457	6,3	29	5,5	400	6,2
688	5,0	24	3,6	360	5,0	25	4,8	376	5,8
563	4,1	20	3,0	321	4,4	20	3,8	322	5,0
499	3,6	17	2,5	291	4,0	17	3,2	294	4,6
625	4,5	22	3.3	426	5,9	22	4,2	429	6,6
514	3,7	15	2,2	343	4,7	16	3.1	358	5,5
1 561	11,3	18	2,7	1 009	13,9	19	3,6	1 172	18,1
13 875	100,0	670	100,0	7 245	100,0	525	100,0	6 465	100,0
13 875	12,5	4 020	8,2	7 245	6,5	4 130	8,4	6 465	5,8
8 605	11,0	670	4,1	4 460	5,7	525	3,2	3 835	4,9
5 270	16,2	980	9,6	2 785	8,5	980	9,6	2 630	8,1
—	—	440	14,7	—	—	555	18,6	—	—
—	—	1 930	9,8	—	—	2 070	10,6	—	—
DM				DM				DM	
9 770				10 815				12 315	
4 385				4 390				4 295	
1 955				1 800				1 565	

schl. mithelfende Familienangehörige der Angestellten/Beamten-, Arbeiter- und

Zahl und Nettoeinkommen der Haushalte nach der

Monatliches Haushaltseinkommen in DM	Haushalte, insgesamt				1-Personen-	
	Zahl		Jahreshaushaltseink.		Zahl	
	1000	vH	Mill. DM	vH	1000	vH
unter 100	50	0,3	52	0,0	46	1,5
100 — 150	451	2,6	719	0,5	323	10,6
150 — 200	586	3,4	1 265	0,8	367	12,1
200 — 250	675	3,9	1 859	1,2	365	12,0
250 — 300	723	4,2	2 418	1,5	323	10,6
300 — 350	781	4,5	3 080	1,9	257	8,5
350 — 400	887	5,2	4 013	2,5	224	7,4
400 — 450	1 024	5,9	5 243	3,3	205	6,7
450 — 500	1 105	6,4	6 293	3,9	181	6,0
500 — 550	1 083	6,3	6 832	4,3	156	5,1
550 — 600	1 006	5,9	6 943	4,4	122	4,0
600 — 650	907	5,3	6 791	4,3	98	3,2
650 — 700	808	4,7	6 533	4,1	72	2,4
700 — 750	714	4,2	6 198	3,8	53	1,8
750 — 800	621	3,6	5 750	3,6	39	1,3
800 — 900	1 047	6,1	10 696	6,7	53	1,7
900 — 1 000	900	5,2	10 229	6,4	37	1,2
1 000 — 1 100	759	4,4	9 502	6,0	29	1,0
1 100 — 1 200	634	3,7	8 702	5,5	20	0,7
1 200 — 1 300	507	2,9	7 574	4,8	16	0,5
1 300 — 1 400	420	2,4	6 762	4,3	12	0,4
1 400 — 1 500	347	2,0	6 052	3,8	10	0,3
1 500 — 1 750	426	2,5	8 209	5,2	12	0,4
1 750 — 2 000	334	1,9	7 480	4,7	10	0,3
2 000 und mehr	430	2,5	19 805	12,5	10	0,3
insgesamt	17 225	100,0	159 000	100,0	3 040	100,0
Haushaltsangehörige, gesamt	51 745	100,0	159 000	100,0	3 040	5,9
davon						
Haushaltsvorstände	17 225	100,0	111 400	100,0	3 040	17,6
weitere Einkommensbezieher	11 290	100,0	47 600	100,0	—	—
mithelfende Familienangehörige[1]	2 840	100,0	—	—	—	—
sonstige Haushaltsangehörige[2]	20 390	100,0	—	—	—	—
Durchschnittseinkommen			DM			
je Haushalt			9 230			
je Einkommensbezieher .			5 575			
je Haushaltsangehörigen			3 070			

[1]) Nur mithelfende Familienangehörige der Selbständigen-Haushalte. — [2]) Ein-Rentner-Haushalte.

Haushaltsgröße und nach Einkommensklassen 1959

Haushalte		2-Personen-Haushalte				3-Personen-Haushalte			
Jahreshaus-haltseink.		Zahl		Jahreshaus-haltseink.		Zahl		Jahreshaus-haltseink.	
Mill. DM	vH	1000	vH	Mill. DM	vH	1000	vH	Mill. DM	vH
48	0,3	4	0,1	4	0,0	.	.	.	.
513	3,6	118	2,6	190	0,6	10	0,3	16	0,0
792	5,5	187	4,2	404	1,2	28	0,7	61	0,2
1 002	6,9	234	5,2	645	1,9	57	1,4	159	0,4
1 080	7,5	256	5,7	856	2,6	100	2,5	338	0,9
1 007	7,0	278	6,2	1 098	3,3	150	3,7	594	1,6
1 004	7,0	300	6,6	1 360	4,0	203	5,1	923	2,4
1 040	7,2	345	7,7	1 771	5,3	260	6,5	1 336	3,5
1 023	7,1	369	8,2	2 110	6,3	298	7,4	1 713	4,5
973	6,7	343	7,6	2 163	6,4	304	7,6	1 929	5,0
833	5,8	315	7,0	2 174	6,5	287	7,2	1 986	5,2
725	5,0	270	6,0	2 025	6,0	257	6,4	1 929	5,0
576	4,0	227	5,0	1 834	5.5	232	5,8	1 879	4,9
456	3,2	182	4,0	1 580	4,7	206	5,2	1 791	4,7
359	2,5	142	3,2	1 318	3,9	179	4,5	1 663	4,4
534	3,7	218	4,8	2 213	6,6	300	7,5	3 049	8,0
418	2,9	169	3,8	1 920	5,7	248	6,2	2 819	7,4
360	2,5	132	2,9	1 659	4,9	197	4,9	2 470	6,4
273	1,9	102	2,3	1 399	4,2	160	4,0	2 197	5,7
242	1,7	73	1,6	1 095	3,3	118	3,0	1 772	4,6
192	1,3	54	1,2	872	2,6	93	2,3	1 501	3,9
172	1,2	42	0,9	783	2,3	72	1,8	1 252	3,3
231	1,6	52	1,1	1 006	3,0	88	2,2	1 704	4,4
222	1,5	40	0,9	895	2,7	67	1,7	1 500	3,9
340	2,4	53	1,2	2 186	6,5	86	2,1	3 709	9,7
14 415	100,0	4 505	100,0	33 560	100,0	4 000	100,0	38 290	100,0
14 415	9,1	9 010	17,4	33 560	21,1	12 000	23,2	38 290	24,1
14 415	12,9	4 505	26,2	25 250	22,7	4 000	23,2	26 295	23,6
—	—	1 775	15,7	8 310	17,5	2 705	23,9	1 995	25,2
—	—	240	8,4	—	—	465	16,4	—	—
—	—	2 490	12,2	—	—	4 830	23,7	—	—
DM				DM				DM	
4 740				7 450				9 570	
4 740				5 345				5 710	
4 740				3 725				3 190	

schl. mithelfende Familienangehörige der Angestellten/Beamten-, Arbeiter- und

noch: Zahl und Nettoeinkommen der Haushalte nach der

Monatliches Haushaltseinkommen in DM	4-Personen-Haushalte				5-Personen-	
	Zahl		Jahreshaushaltseink.		Zahl	
	1000	vH	Mill. DM	vH	1000	vH
unter 100	.	.	.	.	.	.
100 — 150	.	.	.	.	.	.
150 — 200	4	0,1	8	0,0	.	.
200 — 250	17	0,6	47	0,2	2	0,1
250 — 300	35	1,2	116	0,4	7	0,5
300 — 350	70	2,4	278	0,8	19	1,3
350 — 400	113	3,8	514	1,6	33	2,2
400 — 450	150	5,1	771	2,3	47	3,1
450 — 500	175	5,9	980	3,0	59	4,0
500 — 550	179	6,1	1 131	3,4	69	4,6
550 — 600	177	6,0	1 227	3,7	68	4,6
600 — 650	168	5,7	1 261	3,8	71	4,8
650 — 700	156	5,3	1 268	3,8	73	4,9
700 — 750	149	5,1	1 297	3,9	74	5,0
750 — 800	139	4,7	1 276	3,8	69	4,6
800 — 900	246	8,4	2 516	7,6	126	8,5
900 — 1 000	218	7,4	2 478	7,5	121	8,1
1 000 — 1 100	185	6,3	2 296	6,9	112	7,5
1 100 — 1 200	157	5,3	2 161	6,5	98	6,6
1 200 — 1 300	127	4,3	1 901	5,7	87	5,8
1 300 — 1 400	107	3,6	1 724	5,2	75	5,0
1 400 — 1 500	88	3,0	1 522	4,6	64	4,3
1 500 — 1 750	103	3,5	1 992	6,0	77	5,2
1 750 — 2 000	81	2,8	1 812	5,5	60	4,0
2 000 und mehr	101	3,4	4 574	13,8	79	5,3
insgesamt	2 945	100,0	33 150	100,0	1 490	100,0
Haushaltsangehörige, gesamt	11 780	22,8	33 150	20,8	7 450	14,4
davon						
Haushaltsvorstände	2 945	17,1	21 760	19,6	1 490	8,6
weitere Einkommensbezieher	2 695	23,9	11 390	23,9	1 930	17,1
mithelfende Familienangehörige[1]	640	22,5	—	—	540	19,0
sonstige Haushaltsangehörige[2]	5 500	27,0	—	—	3 490	17,1
Durchschnittseinkommen			DM			
je Haushalt			11 255			
je Einkommensbezieher			5 880			
je Haushaltsangehörigen			2 815			

1) Nur mithelfende Familienangehörige der Selbständigen-Haushalte. — 2) Ein-Rentner-Haushalte.

Haushaltsgröße und nach Einkommensklassen 1959

Haushalte		6-Personen-Haushalte				7- und mehr-Personen-Haushalte			
Jahreshaushaltseink.		Zahl		Jahreshaushaltseink.		Zahl		Jahreshaushaltseink.	
Mill. DM	vH	1000	vH	Mill. DM	vH	1000	vH	Mill. DM	vH
.	.	.	.	.	.	.	.	.	.
.	.	.	.	.	.	.	.	.	.
.	.	.	.	.	.	.	.	.	.
6	0,0	.	.	.	.	.	.	.	.
22	0,1	2	0,3	6	0,1	.	.	.	.
75	0,4	5	0,7	20	0,2	2	0,4	8	0,1
149	0,8	11	1,6	50	0,5	3	0,6	13	0,1
239	1,2	12	1,7	61	0,6	5	0,9	25	0,2
336	1,7	17	2,4	96	0,9	6	1,1	35	0,4
435	2,2	21	3,0	132	1,2	11	2,0	69	0,7
468	2,4	24	3,4	166	1,6	13	2,4	89	1,0
531	2,7	26	3,7	195	1,8	17	3,1	125	1,3
589	3,0	31	4,4	250	2,4	17	3,1	137	1,5
641	3,3	31	4,4	268	2,5	19	3,5	165	1,8
640	3,2	31	4,4	289	2,7	22	4,0	205	2,2
1 317	6,7	61	8,7	623	5,9	43	7,9	444	4,8
1 370	6,9	62	8,9	708	6,7	45	8,3	516	5,5
1 402	7,1	57	8,2	725	6,9	47	8,6	590	6,3
1 343	6,8	53	7,6	729	6,9	44	8,1	600	6,4
1 285	6,5	45	6,4	676	6,4	41	7,5	603	6,5
1 208	6,1	42	6,0	680	6,5	37	6,8	585	6,3
1 105	5,6	36	5,2	624	5,9	35	6,4	594	6,4
1 490	7,5	47	6,7	912	8,7	47	8,6	874	9,4
1 347	6,8	37	5,3	828	7,9	39	7,2	876	9,4
3 747	19,0	49	7,0	2 477	23,7	52	9,5	2 772	29,7
19 745	100,0	700	100,0	10 515	100,0	545	100,0	9 325	100,0
19 745	12,4	4 200	8,1	10 515	6,6	4 265	8,2	9 325	5,9
12 025	10,8	700	4,1	6 280	5,6	545	3,2	5 375	4,8
7 720	16,2	1 115	9,9	4 235	8,9	1 070	9,5	3 950	8,3
—	—	425	15,0	—	—	530	18,7	—	—
—	—	1 960	9,6	—	—	2 120	10,4	—	—

Haushalte	6-Personen-Haushalte	7- und mehr-Personen-Haushalte
DM	DM	DM
13 250	15 020	17 110
5 765	5 795	5 775
2 650	2 505	2 185

schl. mithelfende Familienangehörige der Angestellten/Beamten-, Arbeiter- und

Zahl und Nettoeinkommen der Haushalte nach der Zahl

Monatliches Haushaltseinkommen in DM	Haushalte, insgesamt				Haushalte mit	
	Zahl		Jahreshaushaltseinkommen		Zahl	
	1000	vH	Mill. DM	vH	1000	vH
unter 100	574	3,5	597	0,5	574	5,9
100 — 150	871	5,3	1 385	1,2	867	8,9
150 — 200	957	5,8	2 075	1,9	906	9,2
200 — 250	1 030	6,3	2 842	2,6	918	9,4
250 — 300	1 073	6,6	3 589	3,2	899	9,2
300 — 350	1 130	6,9	4 459	4,0	855	8,7
350 — 400	1 227	7,5	5 551	5,0	857	8,8
400 — 450	1 161	7,1	5 945	5,4	748	7,6
450 — 500	1 088	6,6	6 225	5,6	625	6,4
500 — 550	996	6,1	6 273	5,7	504	5,2
550 — 600	874	5,3	6 025	5,4	401	4,1
600 — 650	754	4,6	5 651	5,1	304	3,1
650 — 700	637	3,9	5 152	4,6	227	2,3
700 — 750	530	3,2	4 601	4,2	168	1,7
750 — 800	435	2,7	4 040	3,6	127	1,3
800 — 900	696	4,2	7 071	6,4	186	1,9
900 — 1 000	552	3,4	6 262	5,6	141	1,4
1 000 — 1 100	424	2,6	5 326	4,8	106	1,1
1 100 — 1 200	327	2,0	4 494	4,1	83	0,8
1 200 — 1 300	244	1,5	3 645	3,3	65	0,7
1 300 — 1 400	190	1,2	3 059	2,8	50	0,5
1 400 — 1 500	150	0,9	2 596	2,3	39	0,4
1 500 — 1 750	177	1,1	3 447	3,1	52	0,5
1 750 — 2 000	124	0,8	2 780	2,5	38	0,4
2 000 und mehr	149	0,9	7 910	7,1	45	0,5
insgesamt	16 370	100,0	111 000	100,0	9 785	100,0
Haushaltsangehörige, gesamt	49 205	100,0	111 000	100,0	25 220	51,3
davon						
Haushaltsvorstände	16 370	100,0	78 400	100,0	9 785	59,8
weitere Einkommensbezieher	10 235	100,0	32 600	100,0	—	—
mithelfende Familienangehörige[1]	2 985	100,0	—	—	2 405	80,6
sonstige Haushaltsangehörige[2]	19 615	100,0	—	—	13 030	66,4
Durchschnittseinkommen			DM			
je Haushalt			6 780			
je Einkommensbezieher			4 170			
je Haushaltsangehörigen			2 255			

1) Nur mithelfende Familienangehörige der Selbständigen-Haushalte. —
und Rentner-Haushalte.

der Einkommensbezieher und nach Einkommensklassen 1955

1 Eink.-Bez.		Haushalte mit 2 Eink.-Bez.				Haushalte mit 3 und mehr Eink.-Bez.			
Jahreshaushaltseinkommen		Zahl		Jahreshaushaltseinkommen		Zahl		Jahreshaushaltseinkommen	
Mill. DM	vH	1000	vH	Mill. DM	vH	1000	vH	Mill. DM	vH
597	1,2	.	.	.	.	.	.	.	.
1 379	2,8	4	0,1	6	0,0	.	.	.	.
1 965	4,0	51	1,2	110	0,3	.	.	.	.
2 532	5,1	109	2,6	300	0,9	3	0,1	10	0,0
3 009	6,1	169	4,0	563	1,7	5	0,2	17	0,1
3 380	6,8	268	6,4	1 055	3,3	7	0,3	24	0,1
3 883	7,9	358	8,6	1 620	5,0	12	0,5	48	0,2
3 833	7,8	389	9,3	1 996	6,2	24	1,0	116	0,4
3 584	7,3	409	9,8	2 337	7,2	54	2,2	304	1,0
3 176	6,4	399	9,6	2 521	7,8	93	3,9	576	2,0
2 768	5,6	345	8,3	2 384	7,4	128	5,3	873	3,0
2 283	4,6	292	7,0	2 192	6,8	158	6,5	1 176	4,0
1 841	3,7	237	5,7	1 919	5,9	173	7,2	1 392	4,7
1 467	3,0	183	4,4	1 588	4,9	179	7,4	1 546	5,3
1 184	2,4	137	3,3	1 274	3,9	171	7,1	1 582	5,4
1 891	3,8	204	4,9	2 074	6,4	306	12,7	3 106	10,6
1 611	3,3	154	3,7	1 751	5,4	257	10,7	2 900	9,9
1 344	2,7	118	2,8	1 477	4,6	200	8,3	2 505	8,5
1 149	2,3	91	2,2	1 256	3,9	153	6,4	2 089	7,1
972	2,0	62	1,5	927	2,9	117	4,9	1 746	6,0
808	1,6	46	1,1	742	2,3	94	3,9	1 509	5,1
675	1,4	38	0,9	669	2,1	73	3,0	1 252	4,3
1 017	2,1	42	1,0	818	2,5	83	3,4	1 612	5,5
854	1,7	30	0,7	678	2,1	56	2,3	1 248	4,3
2 163	4,4	40	0,9	2 098	6,5	64	2,7	3 649	12,5
49 365	100,0	4 175	100,0	32 355	100,0	2 410	100,0	29 280	100,0
49 365	44,5	12 770	25,9	32 355	29,1	11 215	22,8	29 280	26,4
49 365	62,9	4 175	25,5	17 925	22,9	2 410	14,7	11 110	14,2
—	—	4 175	40,8	14 430	44,3	6 060	59,2	18 170	55,7
—	—	400	13,4	—	—	180	6,0	—	—
—	—	4 020	20,5	—	—	2 565	13,1	—	—
DM				DM				DM	
5 045				7 750				12 150	
5 045				3 875				3 455	
1 955				2 535				2 610	

2) Einschl. mithelfende Familienangehörige der Angestellten/Beamten-, Arbeiter-

Zahl und Nettoeinkommen aller Haushalte nach der Zahl

Monatliches Haushaltseinkommen in DM	Haushalte, insgesamt				Haushalte mit	
	Zahl		Jahreshaushaltseinkommen		Zahl	
	1000	vH	Mill. DM	vH	1000	vH
unter 100	50	0,3	52	0,0	50	0,5
100 — 150	451	2,6	719	0,5	451	4,5
150 — 200	586	3,4	1 265	0,8	586	5,8
200 — 250	675	3.9	1 859	1,2	673	6,6
250 — 300	723	4,2	2 418	1,5	696	6.9
300 — 350	781	4,5	3 080	1,9	712	7,0
350 — 400	887	5,2	4 013	2,5	759	7,5
400 — 450	1 024	5,9	5 243	3,3	816	8,1
450 — 500	1 105	6,4	6 293	3,9	819	8,1
500 — 550	1 083	6,3	6 832	4,3	737	7,3
550 — 600	1 006	5,9	6 943	4,4	626	6,2
600 — 650	907	5,3	6 791	4,3	520	5,1
650 — 700	808	4,7	6 533	4,1	408	4,0
700 — 750	714	4,2	6 198	3,8	319	3,2
750 — 800	621	3,6	5 750	3,6	246	2,4
800 — 900	1 047	6,1	10 696	6,7	363	3,6
900 — 1 000	900	5,2	10 229	6,4	280	2,8
1 000 — 1 100	759	4,4	9 502	6,0	213	2,1
1 100 — 1 200	634	3,7	8 702	5,5	169	1,7
1 200 — 1 300	507	2,9	7 574	4,8	133	1,3
1 300 — 1 400	420	2,4	6 762	4,3	107	1,0
1 400 — 1 500	347	2,0	6 052	3,8	85	0,8
1 500 — 1 750	426	2,5	8 209	5,2	123	1,2
1 750 — 2 000	334	1,9	7 480	4,7	101	1,0
2 000 und mehr	430	2,5	19 805	12,5	128	1,3
insgesamt	17 225	100,0	159 000	100,0	10 120	100,0
Haushaltsangehörige, gesamt	51 745	100.0	159 000	100,0	25 845	49,9
davon Haushaltsvorstände	17 225	100.0	111 400	100,0	10 120	58,8
weitere Einkommensbezieher	11 290	100,0	47 600	100.0	—	—
mithelfende Familienangehörige[1]	2 840	100,0	—	—	2 300	81,0
sonstige Haushaltsangehörige[2]	20 390	100,0	—	—	13 425	65,8
Durchschnittseinkommen	DM					
je Haushalt	9 230					
je Einkommensbezieher	5 575					
je Haushaltsangehörigen	3 070					

[1]) Nur mithelfende Familienangehörige der Selbständigen-Haushalte. — und Rentner-Haushalte.

der Einkommensbezieher und nach Einkommensklassen 1959

1 Eink.-Bez.		Haushalte mit 2 Eink.-Bez.				Haushalte mit 3 und mehr Eink.-Bez.			
Jahreshaushaltseinkommen		Zahl		Jahreshaushaltseinkommen		Zahl		Jahreshaushaltseinkommen	
Mill. DM	vH	1000	vH	Mill. DM	vH	1000	vH	Mill. DM	vH
52	0,1	.	.	.	.	.	.	.	.
719	1,0	.	.	.	.	.	.	.	.
1 265	1,8	.	.	.	.	.	.	.	.
1 853	2,7	2	0,0	6	0,0	.	.	.	.
2 325	3,3	27	0,6	93	0,2	.	.	.	.
2 806	4,0	69	1,6	274	0,6	.	.	.	.
3 432	4,9	128	2,9	581	1,3	.	.	.	.
4 169	6,0	208	4,7	1 074	2,3	.	.	.	.
4 646	6,7	284	6,4	1 633	3,5	2	0,1	14	0,0
4 642	6,7	339	7,6	2 143	4,6	7	0,3	47	0,1
4 314	6,2	367	8,2	2 538	5,5	13	0,5	91	0,2
3 883	5,6	358	8,0	2 689	5,8	29	1,1	219	0,5
3 291	4,7	342	7,7	2 767	6,0	58	2,2	475	1,1
2 766	4,0	301	6,8	2 613	5,6	94	3,5	819	1,9
2 281	3,3	245	5,5	2 276	4,9	130	4,9	1 193	2,8
3 724	5,4	385	8,7	3 908	8,4	299	11,3	3 064	7,1
3 175	4,6	304	6,8	3 452	7,5	316	11,9	3 602	8,4
2 665	3,8	248	5,6	3 120	6,7	298	11,2	3 717	8,6
2 317	3,3	194	4,4	2 663	5,7	271	10,2	3 722	8,6
1 989	2,9	140	3,1	2 091	4,5	234	8,8	3 494	8,1
1 724	2,5	110	2,5	1 770	3,8	203	7,6	3 268	7,6
1 529	2,2	94	2,1	1 624	3,5	168	6,3	2 899	6,7
2 380	3,4	109	2,4	2 103	4,5	194	7,3	3 726	8,6
2 256	3,3	82	1,8	1 831	4,0	151	5,7	3 393	7,9
5 247	7,6	114	2,6	5 161	11,1	188	7,1	9 397	21,8
69 450	100,0	4 450	100,0	46 410	100,0	2 655	100,0	43 140	100,0
69 450	43,7	13 605	26,3	46 410	29,2	12 295	23,8	43 140	27,1
69 450	62,3	4 450	25,8	25 915	23,3	2 655	15,4	16 035	14,4
—	—	4 450	39,4	20 495	43,1	6 840	60,6	27 105	56,9
—	—	370	13,0	—	—	170	6,0	—	—
—	—	4 335	21,3	—	—	2 630	12,9	—	—
DM				DM				DM	
6 865				10 430				16 250	
6 865				5 215				4 545	
2 685				3 410				3 510	

[2]) Einschl. mithelfende Familienangehörige der Angestellten/Beamten-, Arbeiter-

Absolute und relative Veränderung der Haushalte und ihrer Einkommen nach der

Monatliches Haushaltseinkommen in DM	Stellung des				
	Selbständiger			Angestellter und	
	Zahl		Jahreshaushaltseink.	Zahl	
	1000	vH	Mill. DM	1000	vH
unter 100	— 7	— 87,5	— 8	— 7	— 100,0
100 — 150	— 11	— 84,6	— 18	— 28	— 84,8
150 — 200	— 20	— 83,3	— 44	— 52	— 69,3
200 — 250	— 37	— 82,2	— 104	— 71	— 63,4
250 — 300	— 59	— 80,8	— 198	— 95	— 55,6
300 — 350	— 85	— 78,0	— 338	— 111	— 48,3
350 — 400	— 99	— 72,8	— 453	— 113	— 41,5
400 — 450	— 111	— 68,9	— 572	— 78	— 27,5
450 — 500	— 103	— 59,2	— 592	— 37	— 13,7
500 — 550	— 85	— 47,5	— 540	— 4	— 1,6
550 — 600	— 70	— 38,9	— 483	+ 17	+ 7,6
600 — 650	— 40	— 24,0	— 304	+ 25	+ 12,8
650 — 700	— 18	— 11,6	— 148	+ 36	+ 22,4
700 — 750	+ 4	+ 2,9	+ 31	+ 41	+ 30,4
750 — 800	+ 14	+ 11,4	+ 129	+ 47	+ 43,5
800 — 900	+ 27	+ 13,3	+ 316	+ 89	+ 52,4
900 — 1 000	+ 44	+ 25,3	+ 510	+ 86	+ 62,8
1 000 — 1 100	+ 59	+ 41,0	+ 747	+ 83	+ 76,9
1 100 — 1 200	+ 65	+ 52,8	+ 888	+ 81	+ 97,6
1 200 — 1 300	+ 68	+ 68,0	+ 989	+ 72	+ 112,5
1 300 — 1 400	+ 68	+ 82,9	+ 1 089	+ 60	+ 117,6
1 400 — 1 500	+ 64	+ 92,8	+ 1 104	+ 48	+ 120,0
1 500 — 1 750	+ 103	+ 108,4	+ 1 936	+ 63	+ 128,6
1 750 — 2 000	+ 94	+ 138,2	+ 2 106	+ 54	+ 163,6
2 000 und mehr	+ 155	+ 178,2	+ 7 047	+ 74	+ 168,2
insgesamt	+ 20	+ 0,7	+ 13 090	+ 280	+ 8,5
Haushaltsangehörige, gesamt	+ 80	+ 0,7	+ 13 090	+ 940	+ 9,4
davon					
Haushaltsvorstände	+ 20	+ 0,7	+ 10 690	+ 280	+ 8,5
weitere Einkommensbezieher	+ 65	+ 3,7	+ 2 400	+ 375	+ 19,9
mithelfende Familienangehörige	— 145	— 4,9	—	.	.
sonstige Haushaltsangehörige	+ 140	+ 4,0	—	+ 285 [1]	+ 6,0

[1] Einschl. mithelfende Familienangehörige.

Stellung des Haushaltsvorstandes und nach Einkommensklassen 1959 gegenüber 1955

Haushaltsvorstandes						
Beamter	Arbeiter			Rentner		
Jahreshaushaltseink.	Zahl		Jahreshaushaltseink.	Zahl		Jahreshaushaltseink.
Mill. DM	1000	vH	Mill. DM	1000	vH	Mill. DM
— 7	— 29	— 100,0	— 32	— 481	— 90,8	— 498
— 45	— 102	— 85,7	— 164	— 279	— 39,5	— 439
— 114	— 192	— 74,4	— 415	— 107	— 17,8	— 237
— 195	— 257	— 66,9	— 707	+ 10	+ 2,0	+ 23
— 322	— 251	— 54,7	— 837	+ 55	+ 14,9	+ 186
— 440	— 224	— 42,7	— 876	+ 71	+ 26,6	+ 275
— 519	— 190	— 32,1	— 854	+ 62	+ 27,3	+ 288
— 405	— 10	— 2,0	— 44	+ 62	+ 29,2	+ 319
— 223	+ 90	+ 20,2	+ 506	+ 67	+ 33,8	+ 377
— 31	+ 101	+ 26,6	+ 656	+ 75	+ 41,9	+ 474
+ 110	+ 108	+ 34,2	+ 761	+ 77	+ 49,7	+ 530
+ 176	+ 99	+ 36,7	+ 749	+ 69	+ 56,6	+ 519
+ 283	+ 84	+ 37,8	+ 688	+ 69	+ 69,7	+ 558
+ 347	+ 80	+ 44,0	+ 706	+ 59	+ 78,7	+ 513
+ 430	+ 73	+ 49,7	+ 669	+ 52	+ 91,2	+ 482
+ 902	+ 139	+ 59,4	+ 1 431	+ 96	+ 107,9	+ 976
+ 972	+ 133	+ 76,0	+ 1 516	+ 85	+ 128,8	+ 969
+ 1 036	+ 126	+ 104,1	+ 1 548	+ 67	+ 131,4	+ 845
+ 1 101	+ 110	+ 126,4	+ 1 518	+ 51	+ 150,0	+ 701
+ 1 069	+ 85	+ 146,6	+ 1 301	+ 38	+ 172,7	+ 570
+ 966	+ 72	+ 175,6	+ 1 164	+ 30	+ 187,5	+ 484
+ 878	+ 58	+ 181,3	+ 1 003	+ 27	+ 300,0	+ 471
+ 1 216	+ 50	+ 192,3	+ 970	+ 33	+ 471,4	+ 640
+ 1 205	+ 38	+ 200,0	+ 852	+ 24	+ 600,0	+ 537
+ 2 900	+ 34	+ 212,5	+ 1 311	+ 18	+ 900,0	+ 637
+ 11 290	+ 225	+ 4,0	+ 13 420	+ 330	+ 7,2	+ 10 200
+ 11 290	+ 815	+ 4,5	+ 13 420	+ 705	+ 7,1	+ 10 200
+ 7 490	+ 225	+ 4,0	+ 8 320	+ 330	+ 7,2	+ 6 500
+ 3 800	+ 335	+ 8,2	+ 5 100	+ 280	+ 11,2	+ 3 700
—	.	.	—	.	.	—
—	+ 255[1]	+ 3,0	—	+ 95[1]	+ 3,4	—

Absolute und relative Veränderung der Haushalte und ihrer Einkommen nach der

Monatliches Haushaltseinkommen in DM	Zahl der				
	Haushalte, insgesamt			1 Eink.-Bez.	
	Zahl		Jahreshaushaltseink.	Zahl	
	1000	vH	Mill. DM	1000	vH
unter 100	— 524	— 91,3	— 545	— 524	— 91,3
100 — 150	— 420	— 48,2	— 666	— 416	— 48,0
150 — 200	— 371	— 38,8	— 810	— 320	— 35,3
200 — 250	— 355	— 34,5	— 983	— 245	— 26,7
250 — 300	— 350	— 32,6	— 1 171	— 203	— 22,6
300 — 350	— 349	— 30,9	— 1 379	— 143	— 16,7
350 — 400	— 340	— 27,7	— 1 538	— 98	— 11,4
400 — 450	— 137	— 11,8	— 702	+ 68	+ 9,1
450 — 500	+ 17	+ 1,6	+ 68	+ 194	+ 31,0
500 — 550	+ 87	+ 8,7	+ 559	+ 233	+ 46,2
550 — 600	+ 132	+ 15,1	+ 918	+ 225	+ 56,1
600 — 650	+ 153	+ 20,3	+ 1 140	+ 216	+ 71,1
650 — 700	+ 171	+ 26,8	+ 1 381	+ 181	+ 79,7
700 — 750	+ 184	+ 34,7	+ 1 597	+ 151	+ 89,9
750 — 800	+ 186	+ 42,8	+ 1 710	+ 119	+ 93,7
800 — 900	+ 351	+ 50,4	+ 3 625	+ 177	+ 95,2
900 — 1 000	+ 348	+ 63,0	+ 3 967	+ 139	+ 98,6
1 000 — 1 100	+ 335	+ 79,0	+ 4 176	+ 107	+ 100,9
1 100 — 1 200	+ 307	+ 93,9	+ 4 208	+ 86	+ 103,6
1 200 — 1 300	+ 263	+ 107,8	+ 3 929	+ 68	+ 104,6
1 300 — 1 400	+ 230	+ 121,1	+ 3 703	+ 57	+ 114,0
1 400 — 1 500	+ 197	+ 131,3	+ 3 456	+ 46	+ 117,9
1 500 — 1 750	+ 249	+ 140,7	+ 4 762	+ 71	+ 136,5
1 750 — 2 000	+ 210	+ 169,4	+ 4 700	+ 63	+ 165,8
2 000 und mehr	+ 281	+ 188,6	+ 11 895	+ 83	+ 184,4
insgesamt	+ 855	+ 5,2	+ 48 000	+ 335	+ 3,4
Haushaltsangehörige, gesamt	+ 2 540	+ 5,2	+ 48 000	+ 625	+ 2,5
davon					
Haushaltsvorstände	+ 855	+ 5,2	+ 33 000	+ 335	+ 3,4
weitere Einkommensbezieher	+ 1 055	+ 10,3	+ 15 000	—	—
mithelfende Familienangehörige[1]	— 145	— 4,9	—	— 105	— 4,4
sonstige Haushaltsangehörige[2]	+ 775	+ 4,0	—	+ 395	+ 3,0

1) Nur mithelfende Familienangehörige der Selbständigen-Haushalte. — und Rentner-Haushalte.

Zahl der Einkommensbezieher und nach Einkommensklassen 1959 gegenüber 1955

Einkommensbezieher						
	2 Eink.-Bez.			3 und mehr Eink.-Bez.		
Jahreshaushaltseink.	Zahl		Jahreshaushaltseink.	Zahl		Jahreshaushaltseink.
Mill. DM	1000	vH	Mill. DM	1000	vH	Mill. DM
— 545	.	.	.	.	.	.
— 660	— 4	— 100,0	— 6	.	.	.
— 700	— 51	— 100,0	— 110	.	.	.
— 679	— 107	— 98,2	— 294	— 3	— 100,0	— 10
— 684	— 142	— 84,0	— 470	— 5	— 100,0	— 17
— 574	— 199	— 74,3	— 781	— 7	— 100,0	— 24
— 451	— 230	— 64,2	— 1 039	— 12	— 100,0	— 48
+ 336	— 181	— 46,5	— 922	— 24	— 100,0	— 116
+ 1 062	— 125	— 30,6	— 704	— 52	— 96,3	— 290
+ 1 466	— 60	— 15,0	— 378	— 86	— 92,5	— 529
+ 1 546	+ 22	+ 6,4	+ 154	— 115	— 89,8	— 782
+ 1 600	+ 66	+ 22,6	+ 497	— 129	— 81,6	— 957
+ 1 450	+ 105	+ 44,3	+ 848	— 115	— 66,5	— 917
+ 1 299	+ 118	+ 64,5	+ 1 025	— 85	— 47,5	— 727
+ 1 097	+ 108	+ 78,8	+ 1 002	— 41	— 24,0	— 389
+ 1 833	+ 181	+ 88,7	+ 1 834	— 7	— 2,3	— 42
+ 1 564	+ 150	+ 97,4	+ 1 701	+ 59	+ 23,0	+ 702
+ 1 321	+ 140	+ 110,2	+ 1 643	+ 98	+ 49,0	+ 1 212
+ 1 168	+ 103	+ 113,2	+ 1 407	+ 118	+ 77,1	+ 1 633
+ 1 017	+ 78	+ 125,8	+ 1 164	+ 117	+ 100,0	+ 1 748
+ 916	+ 64	+ 139,1	+ 1 028	+ 109	+ 116,0	+ 1 759
+ 854	+ 56	+ 147,4	+ 955	+ 95	+ 130,1	+ 1 647
+ 1 363	+ 67	+ 159,5	+ 1 285	+ 111	+ 133,7	+ 2 114
+ 1 402	+ 52	+ 173,3	+ 1 153	+ 95	+ 169,6	+ 2 145
+ 3 084	+ 74	+ 185,0	+ 3 063	+ 124	+ 193,8	+ 5 748
+ 20 085	+ 275	+ 6,6	+ 14 055	+ 245	+ 10,2	+ 13 860
+ 20 085	+ 835	+ 6,5	+ 14 055	+ 1 080	+ 9,6	+ 13 860
+ 20 085	+ 275	+ 6,6	+ 7 990	+ 245	+ 10,2	+ 4 925
—	+ 275	+ 6,6	+ 6 065	+ 780	+ 12,9	+ 8 935
—	— 30	— 7,5	—	— 10	— 5,6	—
—	+ 315	+ 7,8	—	+ 65	+ 2,5	—

[2]) Einschl. mithelfende Familienangehörige der Angestellten/Beamten-, Arbeiter-

Absolute und relative Veränderung der Haushalte und ihrer Einkommen

Monatliches Haushaltseinkommen in DM	Haushalte, insgesamt			1-Personen-	
	Zahl		Jahreshaushaltseink. Mill. DM	Zahl	
	1000	vH		1000	vH
unter 100	— 524	— 91,3	— 545	— 356	— 88,6
100 — 150	— 420	— 48,2	— 666	— 195	— 37,6
150 — 200	— 371	— 38,8	— 810	— 53	— 12,6
200 — 250	— 355	— 34,5	— 983	+ 27	+ 8,0
250 — 300	— 350	— 32,6	— 1 171	+ 66	+ 25,7
300 — 350	— 349	— 30,9	— 1 379	+ 69	+ 36,7
350 — 400	— 340	— 27,7	— 1 538	+ 66	+ 41,8
400 — 450	— 137	— 11,8	— 702	+ 71	+ 53,0
450 — 500	+ 17	+ 1,6	+ 68	+ 69	+ 61,6
500 — 550	+ 87	+ 8,7	+ 559	+ 71	+ 83,5
550 — 600	+ 132	+ 15,1	+ 918	+ 58	+ 90,6
600 — 650	+ 153	+ 20,3	+ 1 140	+ 48	+ 96,0
650 — 700	+ 171	+ 26,8	+ 1 381	+ 37	+ 105,7
700 — 750	+ 184	+ 34,7	+ 1 597	+ 28	+ 112,0
750 — 800	+ 186	+ 42,8	+ 1 710	+ 22	+ 129,4
800 — 900	+ 351	+ 50,4	+ 3 625	+ 30	+ 130,4
900 — 1 000	+ 348	+ 63,0	+ 3 967	+ 21	+ 131,3
1 000 — 1 100	+ 335	+ 79,0	+ 4 176	+ 17	+ 141,7
1 100 — 1 200	+ 307	+ 93,9	+ 4 208	+ 12	+ 150,0
1 200 — 1 300	+ 263	+ 107,8	+ 3 929	+ 10	+ 166,7
1 300 — 1 400	+ 230	+ 121,1	+ 3 703	+ 8	+ 200,0
1 400 — 1 500	+ 197	+ 131,3	+ 3 456	+ 7	+ 233,0
1 500 — 1 750	+ 249	+ 140,7	+ 4 762	+ 8	+ 200,0
1 750 — 2 000	+ 210	+ 169,4	+ 4 700	+ 7	+ 233,0
2 000 und mehr	+ 281	+ 188,6	+ 11 895	+ 7	+ 233,0
insgesamt	+ 855	+ 5,2	+ 48 000	+ 155	+ 5,4
Haushaltsangehörige, gesamt	+ 2 540	+ 5,2	+ 48 000	+ 155	+ 5,4
davon					
Haushaltsvorstände ...	+ 855	+ 5,2	+ 33 000	+ 155	+ 5,4
weitere Einkommensbezieher	+ 1 055	+ 10,3	+ 15 000	—	—
mithelfende Familienangehörige[1]	— 145	— 4,9	—	—	—
sonstige Haushalts angehörige[2]	+ 775	+ 4,0	—	—	—

1) Nur mithelfende Familienangehörige der Selbständigen-Haushalte. — 2) Ein-Rentner-Haushalte.

nach der Haushaltsgröße und nach Einkommensklassen 1959 gegenüber 1955

Haushalte	2-Personen-Haushalte			3-Personen-Haushalte		
Jahreshaushaltseink. Mill. DM	Zahl 1000	Zahl vH	Jahreshaushaltseink. Mill. DM	Zahl 1000	Zahl vH	Jahreshaushaltseink. Mill. DM
— 369	— 150	— 97,4	— 157	— 13	— 100,0	— 14
— 312	— 150	— 56,0	— 234	— 52	— 83,9	— 83
— 118	— 156	— 45,5	— 343	— 101	— 78,3	— 218
+ 68	— 137	— 36,9	— 379	— 127	— 69,0	— 351
+ 218	— 119	— 31,7	— 406	— 145	— 59,2	— 483
+ 264	— 98	— 26,1	— 390	— 150	— 50,0	— 583
+ 292	— 80	— 21,1	— 360	— 141	— 41,0	— 635
+ 354	— 2	— 0,6	— 12	— 70	— 21,2	— 355
+ 379	+ 59	+ 19,0	+ 336	— 7	— 2,3	— 35
+ 437	+ 75	+ 28,0	+ 470	+ 24	+ 8,6	+ 165
+ 391	+ 95	+ 43,2	+ 655	+ 39	+ 15,7	+ 276
+ 350	+ 97	+ 56,1	+ 728	+ 44	+ 20,7	+ 333
+ 291	+ 93	+ 69,4	+ 750	+ 53	+ 29,6	+ 433
+ 237	+ 80	+ 78,4	+ 694	+ 63	+ 44,1	+ 552
+ 200	+ 68	+ 91,9	+ 630	+ 65	+ 57,0	+ 607
+ 298	+ 110	+ 101,9	+ 1 116	+ 125	+ 71,4	+ 1 272
+ 233	+ 88	+ 108,6	+ 1 001	+ 116	+ 87,9	+ 1 324
+ 207	+ 69	+ 109,5	+ 868	+ 99	+ 101,0	+ 1 241
+ 162	+ 55	+ 117,0	+ 743	+ 86	+ 116,2	+ 1 181
+ 151	+ 41	+ 128,1	+ 617	+ 65	+ 122,6	+ 983
+ 125	+ 32	+ 145,5	+ 515	+ 52	+ 126,8	+ 844
+ 119	+ 25	+ 147,1	+ 490	+ 42	+ 140,0	+ 733
+ 149	+ 32	+ 160,0	+ 618	+ 53	+ 151,4	+ 1 022
+ 155	+ 27	+ 207,7	+ 602	+ 43	+ 179,1	+ 963
+ 229	+ 36	+ 211,8	+ 1 393	+ 57	+ 196,6	+ 2 293
+ 4 505	+ 190	+ 4,4	+ 9 945	+ 220	+ 5,8	+ 11 465
+ 4 505	+ 380	+ 4,4	+ 9 945	+ 660	+ 5,8	+ 11 465
+ 4 505	+ 190	+ 4,4	+ 7 515	+ 220	+ 5,8	+ 7 805
—	+ 100	+ 6,0	+ 2 430	+ 230	+ 9,3	+ 3 660
—	— 15	— 5,9	—	— 15	— 3,1	—
—	+ 105	+ 4,4	—	+ 225	+ 4,9	—

schl. mithelfende Familienangehörige der Angestellten/Beamten-, Arbeiter- und

noch: Absolute und relative Veränderung der Haushalte und ihrer Einkommen

Monatliches Haushaltseinkommen in DM	4-Personen-Haushalte			5-Personen-	
	Zahl		Jahreshaushaltseink. Mill. DM	Zahl	
	1000	vH		1000	vH
unter 100	— 5	— 100,0	— 5	.	.
100 — 150	— 22	— 100,0	— 35	— 1	— 100,0
150 — 200	— 47	— 92,2	— 103	— 10	— 100,0
200 — 250	— 80	— 82,5	— 219	— 30	— 93,8
250 — 300	— 94	— 72,9	— 311	— 38	— 84,4
300 — 350	— 100	— 58,8	— 390	— 41	— 68,3
350 — 400	— 101	— 47,2	— 449	— 51	— 60,7
400 — 450	— 61	— 28,9	— 306	— 39	— 45,3
450 — 500	— 30	— 14,6	— 188	— 34	— 36,6
500 — 550	— 19	— 9,6	— 118	— 25	— 26,6
550 — 600	— 5	— 2,7	— 28	— 21	— 23,6
600 — 650	+ 5	+ 3,1	+ 40	— 13	— 15,5
650 — 700	+ 11	+ 7,6	+ 95	— 4	— 5,2
700 — 750	+ 22	+ 17,3	+ 196	+ 4	+ 5,7
750 — 800	+ 28	+ 25,2	+ 246	+ 6	+ 9,5
800 — 900	+ 72	+ 41,4	+ 752	+ 13	+ 11,5
900 — 1 000	+ 81	+ 59,1	+ 926	+ 26	+ 27,4
1 000 — 1 100	+ 80	+ 76,2	+ 976	+ 38	+ 51,4
1 100 — 1 200	+ 78	+ 98,7	+ 1 089	+ 41	+ 71,9
1 200 — 1 300	+ 69	+ 119,0	+ 1 038	+ 41	+ 89,1
1 300 — 1 400	+ 59	+ 122,9	+ 952	+ 40	+ 114,3
1 400 — 1 500	+ 51	+ 137,8	+ 875	+ 35	+ 120,7
1 500 — 1 750	+ 61	+ 145,2	+ 1 177	+ 45	+ 140,6
1 750 — 2 000	+ 51	+ 170,0	+ 1 144	+ 37	+ 160,9
2 000 und mehr	+ 66	+ 188,6	+ 2 731	+ 51	+ 182,1
insgesamt	+ 170	+ 6,1	+ 10 085	+ 70	+ 4,9
Haushaltsangehörige, gesamt	+ 680	+ 6,1	+ 10 085	+ 350	+ 4,9
davon					
Haushaltsvorstände ...	+ 170	+ 6,1	+ 6 395	+ 70	+ 4,9
weitere Einkommensbezieher	+ 315	+ 13,2	+ 3 690	+ 185	+ 10,6
mithelfende Familienangehörige[1]	— 40	— 5,9	—	— 35	— 6,1
sonstige Haushaltsangehörige[2]	+ 235	+ 4,5	—	+ 130	+ 3,9

[1]) Nur mithelfende Familienangehörige der Selbständigen-Haushalte. — [2]) Ein-Rentner-Haushalte.

nach der Haushaltsgröße und nach Einkommensklassen 1959 gegenüber 1955

Haushalte	6-Personen-Haushalte			7- und mehr-Personen-Haushalte		
Jahreshaushaltseink. Mill. DM	Zahl 1000	Zahl vH	Jahreshaushaltseink. Mill. DM	Zahl 1000	Zahl vH	Jahreshaushaltseink. Mill. DM
.	.	.	.	.	.	.
— 2	.	.	.	.	.	.
— 20	— 3	— 100,0	— 6	— 1	— 100,0	— 2
— 81	— 6	— 100,0	— 16	— 2	— 100,0	— 5
— 126	— 12	— 85,7	— 36	— 8	— 100,0	— 27
— 160	— 19	— 79,2	— 80	— 10	— 83,3	— 40
— 229	— 20	— 64,5	— 96	— 13	— 81,2	— 61
— 198	— 21	— 63,6	— 108	— 15	— 75,0	— 77
— 194	— 23	— 57,5	— 132	— 17	— 73,9	— 98
— 156	— 22	— 51,2	— 133	— 17	— 60,7	— 106
— 142	— 18	— 42,9	— 124	— 16	— 55,2	— 110
— 98	— 15	— 36,6	— 114	— 17	— 43,3	— 99
— 32	— 7	— 18,4	— 58	— 12	— 41,4	— 98
+ 32	— 4	— 11,4	— 36	— 9	— 32,1	— 78
+ 54	+ 2	+ 6,9	+ 20	— 5	— 18,5	— 47
+ 167	+ 6	+ 10,9	+ 65	— 5	— 10,4	— 45
+ 292	+ 13	+ 26,5	+ 154	+ 3	+ 7,1	+ 37
+ 470	+ 19	+ 50,0	+ 251	+ 13	+ 38,2	+ 163
+ 561	+ 20	+ 60,6	+ 272	+ 15	+ 51,7	+ 200
+ 597	+ 21	+ 87,5	+ 316	+ 16	+ 64,0	+ 227
+ 645	+ 22	+ 110,0	+ 359	+ 17	+ 85,0	+ 263
+ 606	+ 19	+ 111,8	+ 333	+ 18	+ 105,9	+ 300
+ 865	+ 25	+ 113,6	+ 486	+ 25	+ 113.6	+ 445
+ 833	+ 22	+ 146,7	+ 485	+ 23	+ 143,8	+ 518
+ 2 186	+ 31	+ 172,2	+ 1 468	+ 33	+ 173,7	+ 1 600
+ 5 870	+ 30	+ 4,5	+ 3 270	+ 20	+ 3,8	+ 2 860
+ 5 870	+ 180	+ 4,5	+ 3 270	+ 135	+ 3,3	+ 2 860
+ 3 420	+ 30	+ 4,5	+ 1 820	+ 20	+ 3,8	+ 1 540
+ 2 450	+ 135	+ 13,8	+ 1 450	+ 90	+ 9,2	+ 1 320
—	— 15	— 3,4	—	— 25	— 4,5	—
—	+ 30	+ 1,6	—	+ 50	+ 2,4	—

schl. mithelfende Familienangehörige der Angestellten/Beamten-, Arbeiter- und

Anteile der Haushalte am Haushaltseinkommen nach der Stellung des Haushaltsvorstandes und nach Dezilen in vH

Zehntel der Haushalte	Haushalte, gesamt	Selbständigen-Haushalte	Angestellten/Beamten-Haushalte	Arbeiter-Haushalte	Rentner-Haushalte
			1955		
1.	2,1	3,1	3,3	3,4	2,5
2.	3,7	4,5	4,8	5,0	3,7
3.	5,0	5,5	5,9	6,1	4,4
4.	6,3	6,3	6,7	7,1	5,3
5.	7,5	7,3	7,5	8,0	6,8
6.	8,8	8,4	8,7	9,1	8,2
7.	10,3	9,8	9,9	10,4	10,5
8.	12,3	11,6	11,8	12,3	13,6
9.	15,7	14,2	14,8	15,1	17,3
10.	28,3	29,3	26,6	23,5	27,7
1.—10.	100,0	100,0	100,0	100,0	100,0
			1959		
1.	2,5	3,4	3,5	3,9	2,6
2.	3,9	4,8	4,9	5,4	3,7
3.	5,3	5,6	5,7	6,3	4,8
4.	6,4	6,5	6,6	7,1	5,8
5.	7,4	7,4	7,5	8,0	7,1
6.	8,5	8,5	8,7	9,1	8,9
7.	10,2	9,6	10,2	10,3	10,7
8.	12,3	11,0	12,0	12,2	12,9
9.	15,4	13,4	14,6	14,8	16,7
10.	28,1	29,8	26,3	22,9	26,8
1.—10.	100,0	100,0	100,0	100,0	100,0

Anteile der Haushalte am Haushaltseinkommen nach der Zahl der Einkommensbezieher und nach Dezilen in vH

Zehntel der Haushalte	Haushalte, gesamt	Haushalte mit		
		1 Eink.-Bez.	2 Eink.-Bez.	3 und mehr Eink.-Bez.
		1955		
1.	2,2	2,5	4,1	4,7
2.	3,7	3,8	5,5	6,0
3.	5,1	5,0	6,4	6,7
4.	6,3	6,2	7,2	7,4
5.	7,5	7,5	7,9	8,2
6.	8,8	8,8	8,8	8,9
7.	10,3	10,5	9,9	9,8
8.	12,3	12,0	11,2	10,9
9.	15,7	15,1	14,0	12,9
10.	28,1	28,6	25,0	24,5
1.—10.	100,0	100,0	100,0	100,0
		1959		
1.	2,4	2,7	4,5	5,2
2.	4,0	4,7	5,7	6,1
3.	5,3	5,3	6,4	6,7
4.	6,4	6,6	7,2	7,3
5.	7,4	7,7	7,8	7,9
6.	8,5	8,7	8,7	8,8
7.	10,2	10,0	9,8	9,4
8.	12,3	11,6	11,4	10,4
9.	15,4	15,0	13,7	12,4
10.	28,1	28,2	24,8	25,8
1.—10.	100,0	100,0	100,0	100,0

Anteile der Haushalte am Haushaltseinkommen nach der Zahl der Haushaltsangehörigen und nach Dezilen in vH

Zehntel der Haushalte	Haushalte, gesamt	Haushalte mit . . . Personen						
		1	2	3	4	5	6	7 und mehr
				1955				
1	2,2	3,0	2,6	3,2	3,3	3,3	3,5	3,5
2.	3,7	4,0	4,2	4,9	4,9	4,8	4,9	4,7
3.	5,1	4,6	5,5	6,0	5,8	5,7	5,7	5,7
4.	6,3	6,0	6,7	6,9	6,7	6,7	6,6	6,6
5.	7,5	6,9	7,9	7,9	7,8	7,7	7,6	7,6
6.	8,8	8,4	9,1	9,0	8,8	8,9	8,8	8,5
7.	10,3	10,3	10,7	10,2	10,1	10,2	9,9	9,7
8.	12,3	12,6	12,3	11,9	11,9	11,9	11,6	11,3
9.	15,7	16,4	15,0	14,8	14,7	14,3	14,0	13,5
10.	28,1	27,8	26,0	25,2	26,0	26,5	27,4	28,9
1.—10.	100,0	100,0	100,0	100,0	100,0	100,0	100,0	100,0
				1959				
1.	2,4	3,2	2,9	3,7	3,8	3,7	3,6	3,7
2.	4,0	4,3	4,5	5,1	4,9	4,9	5,0	5,0
3.	5,3	5,2	5,8	6,2	5,9	5,8	6,0	6,1
4.	6,4	6,3	7,0	6,9	6,7	7,2	6,9	6,8
5.	7,4	7,5	7,9	7,8	7,7	7,5	7,8	7,6
6.	8,5	8,7	9,0	8,8	8,9	8,9	8,7	8,4
7,	10,2	10,5	10,2	10,2	10.3	10,0	9,7	9,2
8.	12,3	12,5	11,9	12,1	11,8	11,6	11,1	10,5
9.	15,4	15,3	14,9	14,1	14,3	13,6	13,2	12,3
10.	28,1	26,5	25,9	25,1	25,7	26,8	28,0	30,4
1.—10.	100,0	100,0	100,0	100,0	100,0	100,0	100,0	100,0

Anteile der Haushalte am Haushaltseinkommen nach der Stellung des Haushaltsvorstandes und nach Quintilen in vH

Fünftel der Haushalte	Haushalte, gesamt	Selbständigen-Haushalte	Angestellten/Beamten-Haushalte	Arbeiter-Haushalte	Rentner-Haushalte
			1955		
1.	5,8	7,6	8,1	8,4	6,2
2.	11,3	11,8	12,6	13,2	9,7
3.	16,3	15,7	16,2	17,1	15,0
4.	22,6	21,4	21,7	22,7	24,1
5.	44,0	43,5	41,4	38,6	45,0
1.—5.	100,0	100,0	100,0	100,0	100,0
			1959		
1.	6,4	8,2	8,4	9,3	6,3
2.	11,7	12,1	12,3	13,4	10,6
3.	15,9	15,9	16,2	17,1	16,0
4.	22,5	20,6	22,2	22,5	23,6
5.	43,5	43,2	40,9	37,7	43,5
1.—5.	100,0	100,0	100,0	100,0	100,0

FSC
www.fsc.org
MIX
Papier | Fördert
gute Waldnutzung
FSC® C083411

Kolibri 360 GmbH
Ferdinand-Jühlke-Straße 7
99095 Erfurt, Deutschland
produktsicherheit@kolibri360.de

Druck:
CPI Druckdienstleistungen GmbH
im Auftrag der
Kolibri 360 GmbH
Ferdinand-Jühlke-Str. 7
99095 Erfurt